# Christliche Gedanken für Wochentage

Ellis Potter

Copyright der deutschen Ausgabe © 2025 ELLIS POTTER

Das Werk, einschließlich seiner Teile, ist urheberrechtlich geschützt. Jede Verwertung außerhalb der Grenzen des Urheberrechts ist ohne Zustimmung des Verlages unzulässig. Das gilt insbesondere für die elektronische oder sonstige Vervielfältigung, Übersetzung, Verbreitung und öffentliche Zugänglichmachung. Ausgenommen sind kurze Zitate innerhalb von kritischen Artikeln und Buchrezensionen. Weitere Informationen:
info@destineemedia.com

Es wurde angemessene Sorgfalt aufgewendet, um Originalquellen und Copyright-Inhaber aufzuzeigen. Sollte eine Zuordnung falsch oder unvollständig sein, bittet der Verlag um schriftliche Mitteilung, um zukünftige Auflagen korrigieren zu können.

Verlag: Destinée Media
www.destineemedia.com

Englischer Originaltitel: Christian Thoughts for Weekdays
Umschlaggestaltung: Ben Stone
Umschlag und Innenteil: Ben Stone
Formatierung: Ben Stone
Aus dem Amerikanischen von Markus Thiel

Alle Rechte liegen beim Autor.
ISBN 978-1-938367-89-2

# *Inhalt*

Einleitung ............................................................... 1
Woche 1 .................................................................. 3
Woche 2 .................................................................. 9
Woche 3 ................................................................ 15
Woche 4 ................................................................ 21
Woche 5 ................................................................ 27
Woche 6 ................................................................ 33
Woche 7 ................................................................ 39
Woche 8 ................................................................ 45
Woche 9 ................................................................ 51
Woche 10 .............................................................. 57
Woche 11 .............................................................. 63
Woche 12 .............................................................. 69
Woche 13 .............................................................. 75
Woche 14 .............................................................. 81
Woche 15 .............................................................. 87
Woche 16 .............................................................. 93
Woche 17 .............................................................. 99
Woche 18 ............................................................ 105
Woche 19 ............................................................ 111
Woche 20 ............................................................ 117
Woche 21 ............................................................ 123
Woche 22 ............................................................ 129
Woche 23 ............................................................ 135
Woche 24 ............................................................ 141
Woche 25 ............................................................ 147
Woche 26 ............................................................ 153
Woche 27 ............................................................ 159
Woche 28 ............................................................ 165
Woche 29 ............................................................ 171
Woche 30 ............................................................ 177

Woche 31............................................................183
Woche 32............................................................189
Woche 33............................................................195
Woche 34............................................................201
Woche 35............................................................207
Woche 36............................................................213
Woche 37............................................................219
Woche 38............................................................225
Woche 39............................................................231
Woche 40............................................................237
Woche 41............................................................243
Woche 42............................................................249
Woche 43............................................................255
Woche 44............................................................261
Woche 45............................................................267
Woche 46............................................................273
Woche 47............................................................279
Woche 48............................................................285
Woche 49............................................................291
Woche 50............................................................297
Woche 51............................................................303
Woche 52............................................................309

# *Einleitung*

Dieses Buch mit 260 Gedanken zur Andacht besteht aus Pastor Potters Punkte Teil 1 und Teil 2, plus weitere 60 zusätzlich. Jeder Gedanke besteht aus nur 100 Worten [im Englischen] und ist kurz genug für arbeitsreiche Werktage. Am Wochenende kann man andere, längere Sachen lesen. Manche Leute lesen diese Gedanken vor den Mahlzeiten, wodurch gute Gespräche entstehen können. Die Gedanken sind zufällig angeordnet, also nicht thematisch oder alphabetisch, somit gibt es jeden Tag ein neues Thema. Um dir eine Vorstellung von der Länge der Gedanken zu geben, hat auch diese Einleitung 100 Worte. Gott segne dich durch diese kurzen Gedanken.

- Ellis Potter  
Basil, 2025

# Woche 1

*Montag*

# Biblische Prinzipien und ihre Anwendung

Viele Menschen fragen, ob die Bibel heutzutage „relevant" ist. Die Prinzipien der Bibel sind ewig wahr. Die Anwendung dieser Prinzipien ist kulturabhängig. So hat Jesus zum Beispiel seine Jünger gelehrt, einander die Füße zu waschen. Das Prinzip dahinter ist demütiges, tägliches praktisches Dienen. In den meisten Kirchen heute ist das Füßewaschen auf eine einmalige jährliche Zeremonie beschränkt, und somit ist das Prinzip verloren gegangen. Eine bessere Anwendung in unserer Zeit wäre „einander das Geschirr waschen". Wir sollten nicht fragen, inwiefern die Bibel für unsere Kultur relevant ist, sondern inwiefern unsere Kultur für die Bibel relevant ist. Passe nicht die Bibel an dein Leben an, sondern passe dein Leben an die Bibel an.

*Dienstag*

## Heiliger Eigennutz

Das Ehepaar beschloss, großzügiger zu sein mit Zeit, Geld, Fürsorge und Gebet. Sie gaben mehr, ohne eine Gegenleistung zu erwarten. Dann entdeckten sie, dass ihr Leben, ihr Friede und auch ihr Wohlbefinden zunahmen. Bei Gott kann man nicht wirklich Dinge weggeben, denn sie kommen immer als Segen zu einem zurück, sichtbar oder unsichtbar, in der Gegenwart oder in der Ewigkeit. Wenn wir in das Königreich Gottes investieren, investieren wir in uns selbst mit der Gewissheit eines großen Gewinns. Diejenigen, die wir segnen, werden Teil einer großen Krone der Belohnung für uns. Wenn wir selbstlos sind, sorgt Gott für unser Selbst.

*Mittwoch*

## Taufbekenntnis

Ich glaube, dass Gott: Vater, Sohn und Heiliger Geist, die Welt und mich erschaffen hat, und dass ich mich nicht selbst geschaffen habe.

Ich habe gegen Gott rebelliert und versucht, mich nach meinen eigenen Ideen und Wünschen zu erschaffen. Diese Selbstschöpfung kann nicht aufrechterhalten werden und ist somit tot.

Ich glaube, dass Jesus Christus in die Welt kam und am Kreuz starb, so dass ich wieder Leben haben kann.

Ich habe dieses neue Leben mit Dank erhalten und bin entschlossen, so zu leben, wie Gott es für mich beabsichtigt, mit Seiner Hilfe.

*Donnerstag*

## Kunst

Kunst ist künstlich, von der Hand des Menschen gemacht. Natürliche Dinge und Ereignisse können erfreuen und inspirieren, aber sie sind niemals Kunst. Kunst ist vorsätzliches, verantwortliches menschliches Handeln. Kunst ist, was Menschen aus der Natur machen, durch Landwirtschaft, Gemälde, Musik, Kochen, Tanzen, Architektur, usw. Kunst ist verantwortliche Herrschaft über die Natur. Kunst besteht aus Ausdrucksweisen und Aussagen von Menschen. Es geht darum, was sie sagen, nicht ob es uns gefällt. Kunst dient nicht dem Konsum, sondern den Beziehungen und dem Dialog. Wir entmenschlichen die Kunst, wenn wir sie verkonsumieren. Kunst dreht sich nicht um mich, sondern um uns. Sei dabei.

*Freitag*

## Heilsgewissheit

Menschen, die durch Jesus Christus zu Gott gehören, sind erlöst und gerettet, selbst wenn sie körperlich oder geistig verkrüppelt sind. Erlösung hängt nicht davon ab, wie wir über Jesus empfinden, sondern davon, was er für uns getan hat, und dass er die Macht hat, uns zu bewahren. Unsere Stimmungen oder unsere körperliche Verfassung sind kein guter Maßstab für unsere Beziehung zu Gott und unser Wachstum als Sein Kind. Ein besserer Maßstab wäre, ob wir in den Früchten des Geistes wachsen oder abnehmen: Liebe, Freude, Friede, Geduld, Freundlichkeit, Güte, Treue, Sanftmut und Keuschheit. Möge Gott uns davor bewahren, von unseren Entmutigungen entmutigt zu werden. Amen.

# Woche 2

*Montag*

## Die Macht des Gebets

Die Macht des Gebetes stellt eine Beziehung her zwischen uns und Gott, und uns und denen, für die wir beten. Das ist fortdauernd und ewig. Gebet bewirkt besondere Wunder der Heilung, des Wetters, der politischen Wendungen, der Arbeit, bei Prüfungen, Ehepartnern und Parkplätzen. Diese sind alle temporär. Jeder, der auf wundersame Weise geheilt wurde. starb irgendwann später. Es ist wichtig, Gott um alles zu bitten. Er gibt uns das, was für uns ein Segen sein wird. Ein Mann gibt seinem Sohn kein Motorrad wenn er weiß, daß er sich damit umbringen wird. Bete im Namen und Willen von Jesus.

*Dienstag*

**Christliches Zuhören und Lesen**

Von Anfang an waren Christen manchmal nachlässige Leser und Zuhörer. In Johannes 21,22-23 fragte Jesus Petrus, was es ihn anginge, wenn Johannes bis zur Wiederkunft Jesu nicht sterben würde. Die Menschen erzählten daraufhin, dass Johannes nicht sterben würde. Es ist zwar aufregend und dramatisch, etwas Derartiges zu sagen, aber es kann zu Verwirrung, Enttäuschung und Spannungen führen. Bemühe dich, das zu lesen und zu hören, was tatsächlich da ist, und nicht das, was aufregend ist, oder etwas Bestimmtes beweist. Gott helfe uns demütig und diszipliniert in unserem Lesen, Hören und Sprechen zu sein. Amen.

*Mittwoch*

# Bürgerrecht im Himmel

Sie sagten dem kleinen Jungen, dass hoch oben im Schrank ein Geschenk für ihn aufbewahrt werde. An seinem Geburtstag würde er dann nicht hochklettern, um es sich zu holen, sondern es würde zu ihm gebracht werden. Unser Bürgerrecht wird für uns im Himmel aufbewahrt. Wir werden nicht in den Himmel gehen, um es uns zu holen. Wenn Jesus erscheint und Gottes Königreich kommt, wird Er es uns hier auf die Erde bringen. Gottes Königreich ist Sein Wille. Wir sollen so leben, dass Sein Königreich in unseren Herzen, unserem Leben und unseren Beziehungen jeden Tag immer mehr Raum einnimmt, während wir warten.

*Donnerstag*

## Apologetik als Liebe

Die Menschen müssen erfahren, dass das Evangelium der einzige vollständig rationale und akkurate Weg ist, die Wirklichkeit zu verstehen. Noch grundlegender müssen sie von der Blindheit befreit werden, um ihre eigene Sünde zu erkennen, und ihr Bedürfnis für Gott. Unsere Apologetik sollte von Liebe angetrieben sein und Menschen zu dieser Freiheit hin ermutigen. Gebe Gott, dass wir bereit sind, Antworten zu geben, und dass unser Herz weich ist, um die zu lieben, denen wir antworten. Amen.

*Freitag*

## Die postmodernen Seligpreisungen

1. Selig sind die Selbstbewussten, denn sie werden Erfolg haben.

2. Selig sind, die Schuldgefühle vermeiden, denn sie sind getröstet.

3. Selig sind die mit einem positiven Selbstbild, denn sie werden sich besser fühlen.

4. Selig sind, die ihre eigenen Werte definieren, denn sie werden sich selbst erfinden.

5. Selig sind, die ihre Rechte kennen, denn sie werden ihre Ansprüche geltend machen.

6. Selig sind die aalglatten, denn sie werden bewundert werden.

7. Selig sind die Mobber und Lästerer, denn sie werden es weit bringen.

8. Selig sind die politisch korrekten, denn sie werden Auseinandersetzungen vermeiden.

# Woche 3

*Montag*

## Beschränkungen

Menschen fühlen sich immer mehr von Beschränkungen angegriffen und beanspruchen immer mehr Freiheit für ihr Leben, besonders hinsichtlich ihrer Identität. Wenn jemand die Freiheit erhält, ein Auto zu fahren, muss er mehrere strikte Beschränkungen erlernen und sich an sie halten. Freiheit von diesen Beschränkungen bedeutet den Tod für den Fahrer und für andere. Die Freiheit, eine menschliche Sprache benutzen zu können, erfordert, dass man sich vielen Beschränkungen unterwerfen muss, ansonsten wird keine Kommunikation möglich sein. Beschränkungen geben der lebendigen Wahrheit unserer Freiheit die Form. Gott legt uns viele Beschränkungen in der Bibel auf. Diese sollen das Leben nicht kleiner machen, sondern es ermöglichen und klar definieren. Akzeptiere Gottes Beschränkungen und lebe.

*Dienstag*

## Beichte

Das Beichten unserer Sünden, sowohl im Einzelnen als auch Allgemeinen, und das Empfangen von Gottes Vergebung und Reinigung, ist für das Leben eines Christen essentiell. Denke jeden Tag daran, deine Sünden, die bewussten und unbewussten, zu Gott zu bringen, um Vergebung und Reinigung durch das Blut Jesu zu erhalten. Dadurch werden wir frei von dem verstopfenden Müll in unserem Leben und können von neuem beginnen. Wir sind dadurch eher in der Lage, Gottes Segen, Seine Führung und Ermächtigung zu erhalten, um anderen zu dienen und sie zu segnen. Wenn Gott dir vergeben hat, dann vergib dir selbst und geh weiter. Halte nicht an falscher Schuld fest. Mache dies zu cincr täglichen Gewohnheit, alleine oder mit anderen.

*Mittwoch*

## Cool

Coole Kommunikation ist emotional und erlebnisorientiert und lädt nicht zur Diskussion ein. Sie ist weder wahr noch falsch – nur cool. Cool ist ein Ausdruck von Geschmack, über den sich nicht streiten lässt (de gustibus non est disputandum). Cool bleibt unter dem Radar der Logik und lädt zum Mitmachen ein, ohne dass eine Entscheidung oder eine Verpflichtung notwendig ist. Es ist hilfreich in Werbung und Propaganda. Heiße Kommunikation enthält Inhalt, der definitiv ist, entschieden und entweder wahr oder falsch. Sie lädt ein zu Diskussion und Entscheidung. Das Evangelium von Jesus Christus ist heiße Kommunikation, es zeigt Kategorien der Wirklichkeit auf, die entweder wahr oder falsch sind, und die auf eine Entscheidung warten. Jesus ist nicht cool.

*Donnerstag*

# Was ist ein Name?

Ein Name ist nicht nur ein Kennzeichen. Ein Name bezeichnet einen Charakter oder einen Ruf. "Sie haben sich einen guten Namen gemacht." Oder "Sie haben sich einen schlechten Namen gemacht." Wenn wir im Namen Jesu beten, dann fügen wir nicht einfach eine Unterschrift unter unser Gebet, um es authentischer zu machen. Der Name Jesu ist Sein Charakter. Unser Gebet muss Seinem Charakter entsprechen, um annehmbar und wirksam zu sein. Sein Charakter beinhaltet Seinen Willen. Wir müssen gemäß Seinem Willen beten, nicht nur nach unserem. "In Jesu Namen" beinhaltet "Wenn es Dein Wille ist."

*Freitag*

## Authentizität

Authentisch bedeutet echt oder glaubwürdig. Eigentlich bedeutet es „aus dem Selbst kommend", so wie in Autogramm oder Autobiographie. Nur Gott kommt aus sich selbst. Jeder und alles andere beginnt bei Gott und nicht aus sich selbst. Wenn etwas oder jemand „selbstreferentiell" ist, hat das keine Bedeutung, denn Bedeutung bedeutet Beziehung. Wenn nun Gott das SELBST ist, welches alles andere bedingt, dann gibt es keine Bedeutung außer in Beziehung zu Ihm. Möge Gott uns helfen den Druck loszulassen, uns selbst zu erfinden, und ihn an Jesus abzugeben, der ihn vollkommen ertragen und aushalten kann. Amen. Empfange dein wahres Selbst von Jesus.

# Woche 4

*Montag*

# Schuld und Hoffnung

Ohne Schuld gibt es keine Hoffnung. Schuld ist in unserer Zeit sehr unpopulär und politisch inkorrekt. Man wird dazu ermutigt, eigene Schuldgefühle zu ignorieren und zu unterdrücken. Das hilft vielleicht etwas. Wenn wir nicht schuldig sind, sind wir nur unschuldige Opfer der Umstände und haben Anspruch auf Wiedergutmachung, Verständnis, Akzeptanz und Toleranz. Die Menschen versprechen uns das vielleicht, aber niemand schafft es wirklich. Wenn wir schuldig sind, brauchen wir Vergebung und Wiederherstellung. Jemand verspricht uns das. Wenn wir unser gebrochenes Selbst durch Jesus Christus zu Gott bringen, haben wir echte Hoffnung für die Zukunft.

*Dienstag*

## Das Böse

Gut und Böse sind keine gleichwertigen Gegensätze. Gut ist ursprünglich, und böse ist eine Verzerrung oder Fälschung. Das Böse kann nicht existieren ohne das Gute, aber das Gute existiert ohne das Böse. Das Böse erscheint auf Weisen, die wir fürchten und hassen. Das Böse ist gefährlicher, wenn es für uns anziehend wirkt. Das Böse ermuntert uns, an ihm Anteil zu haben und es in uns hineinzulassen, so dass wir böse werden. Das Böse lehnt das ab, was Gott uns gibt, und versucht uns, uns selbst zu erschaffen nach unseren eigenen Vorstellungen. Das Böse ist besiegt und durch den Sieg am Kreuz verschlungen worden. Führe uns nicht in Versuchung, sondern erlöse uns von dem Bösen.

*Mittwoch*

## Gott ist Liebe

Es ist wichtig nicht zu denken oder zu sagen: „Liebe ist Gott". Das würde dazu führen, dass wir irgendeine flüchtige Idee oder Erfahrung anbeten, die wir Liebe nennen. Liebe kann nicht von Wahrheit oder Gerechtigkeit getrennt werden. Liebe ist kein Gefühl, sondern eine Folge von Handlungen, die den Geliebten dazu ermutigen und fördern, so zu sein, wie Gott in haben möchte. Liebe kann sanft sein oder energisch, ermutigend oder tadelnd. Liebe muss frei sein, unabhängig von unseren Gefühlen zu wirken. Wenn wir im Gebet und in Liebe handeln, können wir auch unsere Gefühle klar erkennen. Wir brauchen Gott, um uns zu lehren, wie man liebt.

*Donnerstag*

## Gefühlte Bedürfnisse

Vielen Pfarrern/Pastoren wurde beigebracht, zu den „gefühlten Bedürfnissen" der Menschen zu predigen. Das macht sie natürlich beliebter, wenn sie das tun. Sollten wir erwarten, dass die Gefühle der Menschen damit übereinstimmen, was sie wirklich im Königreich Gottes brauchen? Oder sollten wir in die Bibel schauen um herauszufinden, was Gott dazu sagt, was Menschen brauchen? Der erste Ansatz ist natürlich. Der zweite Ansatz ist geistlich. Wir brauchen keinen nach uns geformten Jesus, sondern einen Jesus, der uns formt. Gott, hilf uns zu wollen, was Du willst. Amen.

*Freitag*

## Generationsübergreifende Flüche

Manche Menschen haben ein bedrücktes Herz, weil einer ihrer Großeltern eine Hexe war oder ein Mörder. Sie denken dabei an 2.Mose 20,5: „der die Schuld der Väter heimsucht bis ins dritte und vierte Glied an den Kindern". Sie übersehen die letzten Worte: „derer, die mich hassen". Die Frage ist nicht, was deine Vorfahren getan haben, sondern ob du Gott liebst. Die Konsequenzen von Sünde (Armut, schlechter Ruf, zerstörte Umwelt) gehen auf die zukünftigen Generationen über, aber nicht die Schuld. Hesekiel 18 ist diesbezüglich sehr deutlich und tröstend. Gott hilf uns, durch Deine Gnade zu leben. Amen.

# Woche 5

*Montag*

## Zusätzliche Gebote

- Du sollst Spaß haben – Spektakel
- Du sollst dich gehen lassen
- Du sollst mit dem Strom fließen
- Du sollst dich ausdrücken
- Du sollst ein gutes Selbstbild haben
- Du sollst mit Begeisterung dabei sein
- Du sollst glücklich sein
- Du sollst deine Gefühle kennenlernen
- Du sollst natürlich sein

*Dienstag*

## Herrlichkeit

Herrlichkeit steht für Gewicht, solide Grundlage, Verlässlichkeit. Es bedeutet ebenfalls strahlend und scheinend. Gott ist Liebe. Liebe ist die Grundlage aller Wirklichkeit, und alles hat Bedeutung in der Liebe. Die Herrlichkeit Gottes ist die Liebe. Wir sollten Gott sagen, dass er herrlich ist, es in der Welt proklamieren und darüber singen. Wenn wir in der Liebe, für einander und die bedürftige Welt, wachsen, zeigen wir Gottes Liebe und erhöhen Seinen Namen. Wir haben Anteil daran, dass Sein Reich auf Erden kommt. „Dein Reich komme, Dein Wille geschehe, wie im Himmel, so auf Erden." Amen.

*Mittwoch*

## Zuversicht und Vertrauen

In Stress- und Krisenzeiten wie dem Jahr 2020 mit der Corona-Virus-Pandemie fällt Vertrauen schwer. Regierungen machen Fehler, jeder, den wir treffen, könnte uns infizieren, unser Online-Leben wird von Menschen kontrolliert, die ihre eigene Agenda verfolgen. Weder sehen noch verstehen wir alle Details. Aber in Gottes Person können wir das große Bild und Seine Verheißungen sehen. Er verheißt uns, uns zu bewahren, damit uns nichts von Ihm trennen kann. Aus dem Blickwinkel von Gottes ewigen Verheißungen erhalten all die verwirrenden und stressigen Einzelheiten unseres Lebens ihre wahre Bedeutung. Richte deine Augen auf Jesus. Denke an Seine Macht und Treue und finde Frieden.

*Donnerstag*

## Gott allein ist Gott und Gott ist nicht allein

Das ist nur für den Gott der Bibel wahr. Buddha allein ist Buddha.... Krishna allein ist Krishna.... Allah allein ist Allah.... Alle sind am Anfang allein. Der christliche Gott ist wahrhaftig ein Gott der Liebe und der Beziehungen, weil Er in Ewigkeit drei Personen ist. Gott ist drei Personen. Der Teufel ist eine Person. Drei Personen sind auf die jeweils anderen beiden ausgerichtet. Eine Person ist notwendigerweise auf sich selbst ausgerichtet, da sonst niemand da ist. Eine implodiert und ist tot. Drei sind strahlend und lebendig. Wähle den lebendigen Gott der Bibel, für Leben und Liebe auf immer.

*Freitag*

## Gott ist Grün

Viele Menschen glauben, dass Gott braun ist und vorhat, am Ende Seine Schöpfung zu verbrennen, und sich auch in der Zwischenzeit nicht darum kümmert. Ein nahes „Ende" kann im Deutschen bedeuten, dass die Beendigung nahe ist, oder auch dass das Ziel nahe ist. Das griechische „telos" bedeutet nur Ziel. Das Ziel ist die Reinigung und Erneuerung der Schöpfung, nicht ihre Zerstörung. „Das Ende ist nah" bedeutet tatsächlich „der Anfang ist nah". Gott gab den Menschen die Macht, für Seine Schöpfung zu sorgen, nicht sie auszubeuten und zu beschädigen. Christen und Grüne müssen erkennen, dass niemand grüner ist als Gott.

# Woche 6

*Montag*

# Göttlicher Kummer und Trauer

Göttlicher Kummer beinhaltet Reue und führt zur Veränderung. Es ist Kummer darüber, dass wir unser Leben nicht so leben, wie Gott es möchte, was wir aber könnten. Darin gibt es auch Elemente der Freude und Dankbarkeit. Weltlichen Kummer erlebt jeder, und bisweilen führt er zu nichts. Göttlicher Kummer ist ein Geschenk und führt zum Leben. „Selig sind die Trauernden" spricht über diejenigen, die über ihre Sünde und das Böse in der Welt Kummer tragen, die traurig sind, weil sie Gott verletzt haben. Es spricht über Christen im Königreich Gottes, und nicht über irgendeine Person, die über einen Verlust oder ein Leid trauert.

*Dienstag*

## Wachstumsschmerzen

Gibt es überhaupt Wachstum ohne Schmerz? Wenn wir körperlich, emotional, intellektuell, sozial oder in Heiligkeit wachsen, stirbt das alte Ich und das neue Ich entsteht. Das alte Ich ist vertraut. Das neue Ich ist unbekannt und wir wissen nicht, wie wir sein werden. Wir müssen im Glauben durch das Dunkel gehen, also müssen wir die Hand Jesu ergreifen und dem Licht der Schrift vertrauen. Wenn du Schmerzen hast, suche den Bereich, in dem Wachstum ist. Wenn du ihn findest, bleibt dennoch etwas Schmerz, aber dann hat er Bedeutung und ein Ziel.

*Mittwoch*

# Heilung

Heilung ist eine Besonderheit des Christentums in der Bibel und in der Kirchengeschichte. Wir sind alle gebrochen und krank, und Gott möchte unseren Körper, unsere Gefühle, unseren Verstand und unsere Haltungen heilen. Körperliche Heilung ist Teil der vollkommenen Heilung, die geschehen wird, wenn Jesus wiederkommt. Wenn unser Körper geheilt ist, aber nicht unser Herz, haben wir verloren. Wenn unser Herz geheilt ist, aber nicht unser Körper, gewinnen wir. Körperliche Heilung ist Flickwerk, da wir letztendlich sterben werden. Heilung der Herzen ist dauerhaft und ewig.

*Donnerstag*

## Becher kalten Wassers

Einen Becher kalten Wassers einem Geringen in Jesus zu trinken zu geben, wird belohnt werden. Diese Geringen sind dauernd um uns herum, besonders wenn das Leben der Menschen beschränkt und isoliert ist. Es gibt viele unterschiedliche Arten von Bechern kühlen Wassers: eine E-Mail, ein Anruf, eine Ermutigung, einkaufen gehen, ein Besuch, oder helfen, ein Haushaltsbudget zu erstellen, damit man mehr Kontrolle über die Finanzen in diesen unsicheren Zeiten hat. Der Herr wird dir zeigen, welches deine Becher sind, die du geben kannst. Gib so viel wie du kannst, mit Freude, und investiere in deinen ewigen Schatz und deine Krone. Du wirst für immer froh sein.

*Freitag*

## Vor Gott verstecken

Adam und Eva versteckten sich im Garten zwischen den Bäumen vor Gott. Menschen verstecken sich vor dem Schöpfer in der Schöpfung hinter Wissenschaft oder Evolution. Menschen verstecken sich vor Gott in ihrem Stolz, hinter ihren Ansprüchen oder ihrer Opferrolle. Die Menschen glauben, dass sie selbst zwischen Gut und Böse unterscheiden können, und dass sie sich selbst für nichtschuldig erklären können. Wir, die wir an Jesus glauben, können uns vor Ihm hinter einer misstrauischen Fassade der Scham verstecken. Wenn wir uns verstecken, können wir keine Vergebung empfangen, geheilt und verändert werden. Lasst uns vor Gott transparent sein und Ihm vollständig vertrauen. Tatsächlich ist Gott unser einzig wahres Versteck.

# Woche 7

*Montag*

## Wirklichkeit II

Wirklichkeit ist, wer Gott ist, was Er tut und was Er will. Gott ist die ursprüngliche Wirklichkeit. Er hat das Universum geschaffen, das auch wirklich ist. Er hat dich und mich geschaffen, und wir sind wirklich, gemäß seiner ursprünglichen Pläne und Wünsche. Wir werden unwirklich, wenn wir uns von Gott abwenden und uns weigern zu akzeptieren, dass Er unsere Wirklichkeit erlöst und erhält. Der Teufel wurde durch seine Rebellion unwirklich, und versucht auch uns in diese Unwirklichkeit hinabzuziehen. Sünde, Verzerrung, Krankheit, Entfremdung und Tod sind alles Unwirklichkeiten, die gegen uns kämpfen, um uns zu zerstören. Wende dich an Jesus und werde wirklich!

*Dienstag*

## Leiter und Nachfolger

In der evangelikalen Welt wird das Thema Leiterschaft sehr betont, und es gibt darüber viele Bücher und Konferenzen. Natürlich gibt es immer mehr Nachfolger als Leiter. Die Qualität der Nachfolger ist mindestens ebenso wichtig wie die Qualität der Leiter. Die Nachfolger sollten die Leiter unterstützen und ermutigen, viel erwarten und sich wenig beschweren, alles prüfen, für die Leiter beten, Geschwätz wie die Pest meiden, auf die Lehre so reagieren, dass die Leiter ermutigt werden, sich zu verbessern, beten und danach streben, Teil der Lösung zu sein und nicht des Problems. Jeder Nachfolger wird gebraucht und ist wichtig. Möge Gott allen Nachfolgern helfen, ihre Rolle ernst zu nehmen. Amen.

*Mittwoch*

## Naturalismus

Naturalismus ist der Glaube, dass nur Materie existiert, und dass alles durch Mathematik verstanden und ausgedrückt werden kann. Für Naturalisten ist Information ein Problem. Jeder glaubt an Information und ihre Kontrolle über Materie, vor allem genetische Materie. Obwohl nun Information Materie kontrolliert, gibt es keinen Beweis dafür, dass Materie Information produziert. Die religiöse bzw. Glaubensannahme diesbezüglich ist, dass Materie Information produziert, wir aber noch nicht herausgefunden haben, wie. Die wissenschaftlichere Hypothese lautet, dass Information übernatürlich ist. Am Anfang war Information oder Beziehungen, die aus einem dreieinigen und relationalen Gott entstehen. Materie wurde geschaffen und ist nicht aus sich selbst entstanden.

*Donnerstag*

# Eine Zeit, zwei Zeiten und eine halbe Zeit

In Offenbarung 12,14 lesen wir, dass die Kirche in die Wüste flieht, wo sie ernährt wird eine Zeit und zwei Zeiten und eine halbe Zeit. Das macht zusammen Dreieinhalb, was die Hälfte von Sieben ist. In der biblischen Symbolik steht Sieben für Vollkommenheit oder Vollständigkeit. Johannes schrieb die Offenbarung recht kurz nach der Kreuzigung Jesu. Kann das bedeuten, dass eine Hälfte der Menschheitsgeschichte vor Jesus geschah und die andere Hälfte danach geschehen wird? Kam Jesus genau in der Mitte der Menschheitsgeschichte, um für jeden zu sterben? Jesus ist das Zentrum von Allem.

*Freitag*

## Nachrichten und Propaganda

Wir brauchen Nachrichten, um uns zu informieren, und Propaganda, um uns zu motivieren. Nachrichten sind neutrale Fakten. Propaganda ist Empfehlung. Üblicherweise werden Nachrichten und Propaganda kombiniert. Wenn alle Nachrichten zu Empfehlungen oder Propaganda werden, haben die Menschen immer weniger gemeinsam. Propaganda kann ehrlich oder unehrlich sein. Evangelisation sollte ehrliche Propaganda sein, die eine Weltanschauung empfiehlt und das Königreich Gottes anpreist. Wenn wir für Nachrichten bezahlen, die größtenteils Propaganda sind, bekommen wir, was wir bezahlen, und verzerren Wahrheit und Kultur. Bleib wachsam und prüfe alles.

# Woche 8

*Montag*

## Unser Ruhmeskranz

Christen freuen sich darauf, eine Krone der Belohnung und des Ruhmes von Gott zu empfangen. In 1. Thessalonicher 2,19-20 zeigt uns Paulus, dass unsere Krone, unser Ruhm und unsere Freude andere Menschen sind. Das Wachstum an Leben und Schönheit in anderen Menschen, das durch unseren Dienst an ihnen geschieht, wird unsere Freude in Ewigkeit in der Gegenwart Jesu sein. Wenn ich deine ewige Krone bin, wirst du dich sehr gut um mich kümmern wollen, mich schützen, polieren und vielleicht ein paar Dellen ausbeulen. Du bist mein Lohn, und ich bin dein Lohn. Gott hilf uns, das nicht zu vergessen. Amen.

*Dienstag*

# Frieden

Frieden bzw. Schalom ist nicht die Abwesenheit von Konflikt. Er ist die Grundlage und der Rahmen für die Wirklichkeit, den Gott gegeben hat für Bedeutung und Stabilität im Konflikt. Wenn man Konflikt im Kontext von Ewigkeit und Gottes Wahrheit betrachtet, bekommt man eine realistischere Perspektive und vermeidet Vorurteil und Egoismus. Frieden muss in der Wirklichkeit funktionieren, und nicht in romantischen Phantasien. Wenn Christen wahrlich als Salz und Licht in der Welt handeln, wird der Frieden zunehmen. Bete für den Frieden Gottes (Je ru salem).

*Mittwoch*

# Pfingsten II

Der Heilige Geist ist der Geist Christi, der in uns wohnt und Frucht bringt – Liebe, Freude, Friede, Geduld, Freundlichkeit, Güte, Treue, Sanftmut und Keuschheit. Christen haben unterschiedliche und besondere Gaben. Normalerweise wachsen alle Christen in allen Früchten. Durch diese Früchte können wir unser Wachstum als Gottes Kinder messen und über unsere Erlösung getröstet werden. Der Heilige Geist lehrt uns zu beten und Gott um das zu bitten, was Er für uns hat. Bete zum Vater im Namen des Sohnes durch die Kraft des Heiligen Geistes. Amen.

*Donnerstag*

## Die postmodernen Zehn Gebote

(Auf zwei Samsung Tablets)

I. Du sollst nur das wertschätzen, was aus deiner Sicht dem Gedeihen deines Lebens dient.

II. Du sollst nur das wertschätzen, was aus deiner Sicht dem Gedeihen deines Lebens dient.

III. Du sollst dich keinen sprachlichen Konventionen unterordnen, die momentan in irgendeiner Weise anstößig sind für dich.

IV. Du sollst dich keinen sprachlichen Konventionen unterordnen, die momentan in irgendeiner Weise anstößig sind für dich.

V. Du sollst dich und deine Bequemlichkeit ehren und über alle Menschen stellen.

*(Fortsetzung auf Seite 253)*

*Freitag*

# Eins, Zwei oder Drei?

Wenn „alles Eins ist", sind alle Beziehungen böse und nicht real. Wenn alles Zwei ist, dann gibt es keine Subjektivität, nur Dualität. Für Adam war es nicht gut, allein zu sein, denn: „Gott allein ist Gott und Gott ist nicht allein". Nur der Gott der Bibel ist eine vernünftige Grundlage und Erklärung für die Realität, die wir erleben. Gott ist Liebe, weil Er Drei ist und unter sich selbst liebt. Wegen Gott gibt es Güte in unserer bösen und zerfallenden Welt. Vertraue auf Ihn, Vater, Sohn und Heiliger Geist. Preise Ihn und bete nur Ihn an. Akzeptiere keinen nachgemachten Ersatz.

# Woche 9

*Montag*

## Bittet in Jesu Namen

Jesus versprach uns, dass wir alles erhaltet werden, worum wir in Seinem Namen bitten. „Name" steht hier nicht für ein Etikett oder ein Zauberwort. Es steht für Wesen, Charakter und Willen Jesu. Wenn wir um irgendetwas bitten, was wir für gut halten, und den Namen Jesus anhängen, ist das Versprechen nicht gültig. In Seinem Namen um etwas bitten bedeutet, um das zu bitten, was Er für uns will. Warum sollte Gott uns etwas geben, was wir nicht haben sollen? Es würde uns nicht segnen. Das Ziel des Bittens ist die Beziehung zu Gott, und Jesus ähnlicher zu sein.

*Dienstag*

## Wähle das Leben!

Das Leben ist hart und kompliziert. Der Tod ist leicht und einfach. Wähle das Leben! Wir können den Tod wählen, aber wir müssen nicht. Den Tod erleben wir ganz natürlich. Das Leben jedoch müssen wir erwählen. Leben ist hart, der Tod ist leicht. Unser natürliches Leben geschieht ganz „natürlich", aber unser geistliches Leben (vollständiges Leben) muss von Gott empfangen, und dann erwählt und gelebt werden. Leben ist möglich aufgrund des Todes und der Auferstehung Jesu Christi. Wir können Leben nicht erschaffen. Nur Gott kann Leben schaffen. Wir müssen es bloß von Ihm empfangen. Mach dir das Leben zur Gewohnheit. Sei dankbar. Gott segne dich.

*Mittwoch*

# Gebet 1

Gebet ist etwas besonders und etwas normales. Es ist besonders und wunderbar, mit dem Schöpfer des Universums reden zu können und zu wissen, dass Er uns hört und sich um uns sorgt und um das, was wir sagen. Gebet ist normal, weil wir zu jeder Tages- oder Nachtzeit für zwei Sekunden oder 2 Minuten beten können. Wir können mitten während der Arbeit oder einem Gespräch beten, beim Lesen oder Autofahren (möglichst ohne die Augen zu schließen). Gebet ist normal, weil es Normen und Ordnung in unser Leben bring, sowohl in der Zeit als auch der Ewigkeit. Gebet ist lebensnotwendig.

*Donnerstag*

## Propheten, Priester und Könige

Nicht viele Christen halten sich für Propheten, Priester oder Könige. Ein Prophet ist jemand, der Gottes Wahrheit verkündet – Vergangenheit, Gegenwart oder Zukunft. Ein Priester ist ein Brückenbauer. der zwischen den Menschen und Gott durch Gebet eine Verbindung schafft. Ein König erlässt Anweisungen und Richtlinien, und trifft Entscheidungen über sein Umfeld. Wir wissen, dass Jesus Prophet, Priester und König ist. Wenn wir an Jesus glauben und zu Ihm gehören, dann nehmen wir diese Rollen mit in unser Umfeld, in unsere Familien, unsere Freundschaften, Arbeitsplätze, Kirchen und Gemeinschaften. Das ist Gottes Berufung für die Christen in der Welt.

*Freitag*

## Lesen der Bibel

Das tägliche Lesen in der Bibel ist wichtig, weil wir damit Gottes Königreich und Wirklichkeit im Blick behalten. Es ist ein Fenster zu Gottes fester Wahrheit, das für uns an Tagen als Anker funktioniert, die sonst verwirrend und verschwommen wären. Es verbindet uns auch mit anderen, die die gleichen Passagen lesen, sogar über Entfernungen hinweg. Der Nutzen des Lesens ist nicht abhängig davon, dass wir alles vollkommen verstehen, was wir lesen. Gebe Gott uns Appetit für Sein Wort. Amen.

# Woche 10

*Montag*

## Wirklichkeit I

Wirklichkeit ist, wer Gott ist, was Er tut und was Er will. Gott ist ursprünglich und unendlich mächtig, diese Wirklichkeit zu erhalten und uns darin gesund und glücklich zu machen. Wenn wir versuchen, in einer Wirklichkeit zu leben, die von Menschen in der Vergangenheit oder Gegenwart gemacht wurde, imitieren wir die Schlange/den Teufel, der rebellierte und versuchte, seine eigene Wirklichkeit zu schaffen, was zum Tod führte. Eine falsche Wirklichkeit ist für uns attraktiv, weil wir dann dem Mythos glauben, dass wir darin autonom und authentisch sein werden. Gott helfe uns, aus Seinem Wort über die Wirklichkeit zu lernen, und gebe uns Weisheit und die Kraft, das Leben zu wählen. Amen.

*Dienstag*

## Kultur

Kultur bedeutet Dinge gemeinsam zu kultivieren oder anzubauen, und das, was wir wertschätzen, zu entwickeln. Wir haben Kulturen der Familie, des Sports, des Gewerbes, der Nation. Es gibt Kulturen des Lebens und des Todes, der Hoffnung und der Verzweiflung, des Königreichs Gottes und dieser Welt, der Liebe und der Selbstsucht. Christen sind dazu berufen, sich der Kultur um sie herum bewusst zu sein und ihr beizusteuern. Salz und Licht geben der Welt Geschmack und Klarheit. Salz und Licht zu sein bedeutet, die Stadt mit den Werten des Königreichs Gottes zu segnen. Die Kultur anzubeten führt zu einer Kultur des Todes. Gott anzubeten führt zu einer Kultur des Lebens.

*Mittwoch*

## Christlicher Patriotismus

Wie können wir Christen unser Land lieben? Wir können für die Leiter beten, selbst wenn sie uns verfolgen. Unsere Ehen wertschätzen und dafür kämpfen. Zufällige Akte der Freundlichkeit begehen. Die Kontrolle übernehmen, indem wir die zweite Meile mitgehen. Unsere Nächsten im Namen Jesu durch Handlung und Wort segnen. Lieber eine kleine Kerze anzünden, als lautstark die Dunkelheit verfluchen. Uns den Ruf verdienen, ein Vorbild zu sein für harte Arbeit, Hilfsbereitschaft und Verlässlichkeit. Bete und suche nach Wegen, ein Teil der Lösung zu sein und nicht des Problems. Verlass dich eher auf Gott, dich selbst und auf andere als auf staatliche Hilfe.

*Donnerstag*

## Salz und Licht

Die Welt ist das Salz und Licht der Kirche. Jesus hat in der Bergpredigt das Gegenteil gesagt. Jesus will, dass die Kirche die Klarheit und die Würze der Welt ist. Oft ist es anders herum. Die Werte der Welt, wie Erfolg, Relevanz, Marktanteil, Political Correctness und soziale Akzeptanz, bekommen oft mehr Aufmerksamkeit als die Werte des Königreichs Gottes, nämlich die Früchte des Geistes und Treue gegenüber Seinem Wort. Christen sollten in ihrem Kulturschaffen originell und anders sein, und nicht bloß der Welt folgen und sie kopieren.

*Freitag*

## Sicherheit

Gott ist Liebe. Gott ist drei Personen. Gott hat alles geschaffen, was es gibt. Das Fundament des Universums ist nicht Materie und Energie, sondern Liebe. Gott liebt dich. Wenn du Gottes Liebe annimmst und in ihr bleibst, wirst du in den Armen des Schöpfers des Universums gehalten und bewahrt. Du bist sicher. Alle anderen „Sicherheiten" sind temporär und unvollständig. In einer gefallenen Welt können uns viele negative Dinge zustoßen – Unfälle, Krankheit, Verfolgung, Arbeitslosigkeit, Entfremdung und letztendlich der Tod. Nichts davon kann uns die fundamentale Sicherheit nehmen, wenn wir zu Gott gehören. Empfange Gottes Liebe und vertraue ihr!

# Woche 11

*Montag*

## Sünde

Gott ist die ursprüngliche, ungeschaffene Wirklichkeit. Alles, was geschaffen ist, ist ein Ausdruck davon, wer Er in Seiner ursprünglichen Form ist. Die Wirklichkeit gemäß unserer eigenen Vorstellungen zu verändern, ist Sünde. Sünde ist, wenn man versucht, Gott zu sein. Gott ist auf den anderen zentriert. Der Teufel wurde selbst-zentriert, was Sünde ist. Moses lehrte, „Du sollst nicht stehlen". Jesus lehrte, „Du sollst nicht stehlen wollen". Sünde ist eher eine Einstellung als eine Handlung. Gott ist Liebe. Sünde ist, was sich nicht an Gottes Charakter und Wort anpasst, und was nicht von Liebe motiviert ist. In diesen alternativen Wirklichkeiten ist kein Leben möglich, somit ist die Folge der Sünde der Tod.

*Dienstag*

## Single sein

Gottes Plan oder Standardprogramm für den Menschen beinhaltet Ehe, Kinder, produktive und kreative Arbeit, und einen gesunden Körper und Geist. Keiner von uns passt perfekt in dieses Schema hinein. Gott beruft uns mit unseren Begrenzungen, aber nicht in sie hinein. Wir alle haben besondere Bedürfnisse. Unsere Bedürfnisse werden letztendlich nur in Jesus vollständig erfüllt. Wir müssen uns auch unserer aller Zerbrochenheit bewusst sein, und es durch unser Gebet und Handeln möglichst besser machen. Wir kennen nicht das Ausmaß des Mangels im Anderen, aber wir sollten helfen, so gut wir können.

*Mittwoch*

## Himmel auf Erden

Jesus hat uns das Gebet gelehrt: „Dein Reich komme, Dein Wille geschehe, wie im Himmel, so auf Erden." Jesus möchte, dass die übernatürlichen Dimensionen des Himmels zu uns hierher kommen, und nicht, dass wir „dorthin" gehen. Unsere wahre und ewige Bürgerschaft ist im Himmel, aber wir werden nicht dorthin gehen, um sie uns abzuholen. Sie wird hierherkommen, wenn Jesus wieder erscheint. Das Christentum ist kein Leben durch Flucht, sondern durch Engagement. Leiden und Verwirrungen haben bei Christen das Denken geweckt, dass Gott uns irgendwo anders hinbringen wird, statt dass er hierherkommen wird, um bei uns zu sein. Lasst uns Gottes Plan klar erkennen.

*Donnerstag*

## Reden über Gott

In Jesaja 62,6 steht geschrieben: "Ihr, die ihr an den Herrn erinnert, gönnt euch keine Ruhe". Erinnerst du an den Herrn, indem du „Gott segne dich" zum Nachbarn, Kollegen, Kassierer, Arzt und Bankangestellten sagst? Wenn ich das gemacht habe, reagierten die Menschen manchmal etwas verwundert, aber niemals gekränkt. Die Menschen brauchen den Segen Gottes. Versuche, Gott in deine Gespräche mit einzubringen, auf angemessene, positive und einladende Weise. Wir sollten von Gott begeistert sein, statt peinlich berührt oder schüchtern. Wenn du Menschen segnest, bete für sie. Gott gebe uns Gnade, Mut und Weisheit von Ihm zu sprechen. Amen.

*Freitag*

## Kontrovers

Viele Christen und auch andere wollen nichts tun oder sagen, was kontrovers ist, und warnen auch davor. Wenn etwas nicht kontrovers ist, ist es allgemein akzeptiert. Nur sehr wenig ist allgemein akzeptiert. Vielleicht einigen wir uns über die Schwerkraft und den Tag- und-Nacht-Rhythmus, aber nicht bei der Frage, ob die Erde eine Scheibe ist, oder wie alt sie ist. Nichts ist kontroverser als das Evangelium von Jesus Christus. Christen sollten Friedensstifter sein, aber nicht so tun, als ob Friede herrscht, wenn doch keiner ist. Streit ist unvermeidbar und wird uns begleiten, bis Jesus wiederkommt. Glaube heißt auf Gott zu vertrauen, wenn unsere Situation nicht sicher ist, und nicht so zu tun, als ob sie sicher wäre.

# Woche 12

*Montag*

## Nimm dein Kreuz auf dich

Jesus sagte: „Wer mir nachfolgen will, der verleugne sich selbst und nehme sein Kreuz auf sich täglich und folge mir nach." Jesus nahm Sein Kreuz auf sich, die Last der Sünden anderer Menschen. Unser Kreuz ist nichts, was uns einfach geschieht, sondern wir nehmen es aktiv auf, indem wir die Last anderer Menschen tragen. Wir sind kein Opfer unseres Kreuzes, wir bringen Veränderung, weil wir unser Kreuz auf uns nehmen. Unser Kreuz ist nicht Krankheit oder Arbeitslosigkeit oder ein Erdbeben. Gott zeigt uns unser Kreuz in den Menschen und den Situationen, denen wir begegnen. Nimm es auf dich.

*Dienstag*

## Geschmack

"De Gustibus Non Est Disputandum". Über Geschmack lässt sich nicht streiten. Unser Geschmack ist Teil unserer Persönlichkeit, aber er ist nicht verlässlich. Wenn wir etwas für gut halten, weil wir es mögen, oder für schlecht, weil wir es nicht mögen, haben wir keine Wahrheit und beten uns selbst an. Etwas zu mögen sagt mehr über uns aus, als über die Sache an sich. Geschmack ist subjektiv und muss mit Objektivität verknüpft werden, um lebensfördernd zu sein. Zwei Bekenntnisse stiften Frieden: Ich mag, was wertlos ist, und was wertvoll ist, mag ich nicht. Verlass dich nicht darauf, dass dein Geschmack dich Wahrheit lehrt. Wenn wir die Sünde nicht mögen würden, würden wir sie nicht tun.

*Mittwoch*

## Das Blut Jesu

In einer sündhaften Welt, vom Staub des Todes bedeckt, leben wir durch den Tod anderer. Gott hat uns die Tiere gegeben, die während der gesamten Menschheitsgeschichte zu unserer Nahrung, Kleidung und unserem Schutz starben. Das Blut dieser Tiere zeigt auf das Blut Jesu, das unser gebrochenes Selbst und die ganze gebrochene Welt zusammenklebt. Jesus liebte uns so sehr, dass er Sein Blut für uns gab, damit wir neues Leben haben, und für immer mit Ihm und miteinander in Gottes Königreich sein können. Unser Leben ist für Gott wertvoll und schön. Wir sollten auf uns Acht geben, indem wir füreinander sorgen und einander dienen.

*Donnerstag*

## Das Standardprogramm

Gottes Standardprogramm für das menschliche Leben beinhaltet Ehe und Kinder, Gesundheit, Produktivität und Vertrauen in Ihn. Keiner von uns passt vollständig in dieses Programm, deshalb gibt es Spezialprogramme wie Single sein, durch Widrigkeiten wachsen, und Zufriedenheit trotz Begrenzungen. Wir sind alle behindert. Manche Behinderungen sind offensichtlich, manche verborgen. Manche Behinderungen werden während unseres Lebens geheilt, mache nicht. Wir sollten mit den eigenen Behinderungen und denen anderer sensibel und mitfühlend umgehen. Sei realistisch und suche nach Gottes Sieg in deiner Behinderung. Ermutige und unterstütze andere in ihren speziellen Lebensumständen.

*Freitag*

## Das Königreich Gottes

Jesus sagte, das Königreich ist nahe, es kommt, es ist unter uns und in uns. Damit beschreibt er nicht die Kirche oder einen fernen Ort. Das Königreich Gottes ist die Herrschaft Gottes in der Welt, in unseren Gesellschaften und Familien, und in unseren Herzen. „Dein (König-)Reich komme" und „Dein Wille geschehe" bedeuten das Gleiche. Jesus will, dass die Herrschaft Gottes auf Erden kommt. Das sollten wir mit Ihm wollen. Gott, hilf uns, deinen Willen zu wollen und ihn zuerst in unseren Herzen zu empfangen und dann an andere weiterzugeben. Amen.

# Woche 13

*Montag*

## Gaben und Früchte

Vom Heiligen Geist haben wir Gaben und Früchte. Die Früchte sind normativ, die Gaben sind es nicht. Wenn man ein paar der Gaben nicht hat, wenn man nie in Zungen geredet oder noch keine Toten erweckt hat, kann das eigene Leben dennoch einem normalen christlichen Leben entsprechen. Wenn man irgendeine der Früchte nicht hat (Liebe, Freude, Friede, Geduld, Freundlichkeit, Güte, Treue, Sanftmut und Keuschheit), dann ist das Leben subnormal. Alle Früchte sind für jeden einzelnen Christen. Die Früchte sind ein besseres Maß, die eigene geistliche Temperatur zu bestimmen, als die Gaben. Möge Gott uns helfen, die schwach ausgeprägten Früchte zu stärken. Amen.

*Dienstag*

# Bindung und Freiheit

Es war einmal ein Mann, der wusste sein ganzes Leben lang durch den Glauben und seine Erfahrungen, dass Verlangen und Bindung zu Leid führen. Seine Hoffnung war, dass er nach vielen Lebenszeiten Befreiung erlangen könnte, indem er das absolute Einssein erkennen würde. Dann traf ihn der ungeschaffene Schöpfer, einer und viele, und versprach ihm ein neues Selbst. Der ungeschaffene Schöpfer entleerte sich selbst in den Mann, und er wurde zu einem neuen, ein auf den anderen zentriertes Selbst. Dann erwachte er und erkannte, dass er das Verlangen nach Wahrheit und Bindung an geliebte Menschen haben konnte, ohne bis in alle Ewigkeit leiden zu müssen. Seine Befreiung war ein Geschenk, keine Errungenschaft.

*Mittwoch*

## Was wir verdienen

Es wird viel darüber geredet, was Menschen verdienen oder nicht verdienen. Wenn etwas Unangenehmes passiert, sagen wir gerne "Das habe ich nicht verdient." Der Lohn der Sünde ist der Tod. Wir alle sündigen, also verdienen wir alle den Tod. Gott gibt uns das "Recht", durch Jesus Christus Vergebung und Leben zu erlangen, nicht weil wir es verdienen, sondern weil Gott Liebe ist und es uns aus Gnade geben will. Wenn wir uns wirklich etwas verdienen könnten, dann wäre das keine Gnade, also etwas zu erhalten, ohne dass es verdient wurde. Das zu bekommen, was wir verdient haben, ist eine schreckliche Aussicht.

*Donnerstag*

## Gericht

Gericht dient der Korrektur oder der Zerstörung. Zu richten bedeutet, etwas in Ordnung zu bringen, oder passend und zugehörig zu machen. Wir passen nicht zu Gott, weil unsere Sünde unsere Form verzerrt hat. Gottes Gericht stellt die passende Form wieder her. Dieser Prozess kann schmerzhaft und angsteinflößend sein, und wir nehmen ihn im Glauben und Vertrauen an Gott an. Wer Gottes Erlösung durch Jesus Christus annimmt, wird durch Sein Gericht gesegnet und wieder ganz und gar hergestellt. Wer Gottes Erlösung zurückweist, wird durch Sein Gericht zerstört. Das läuternde Feuer reinigt oder verbrennt. Herr, hilf uns Dein liebevolles Gericht und Deine Heilung anzunehmen. Amen.

*Freitag*

## Abendmahl

Das Abendmahl ist eine Familienmahlzeit, welche diejenigen gemeinsam feiern, die an Jesus glauben, um Seiner Fleischwerdung und Seinem Opfer zu gedenken, und um Gemeinschaft zu haben. Essen und Trinken sind ganz gewöhnliche Dinge und grundlegend für das menschliche Leben. Jesus gab uns keine natürliche Nahrung wie Quellwasser oder Beeren, sondern kunstvolle Dinge – Brot und Wein. Wir nehmen etwas aus Gottes Schöpfung, üben unsere Herrschaft aus, indem wir es kreativ verändern, und bringen das Ergebnis mit zur Mahlzeit. Dieses Mahl ist nur für diejenigen, welche die Kraft von Leib und Blut Jesu anerkennen und beides brauchen für Vergebung, Heilung und neues Leben.

# Woche 14

*Montag*

## Gottes Gesetz der Liebe

Gottes Gesetz in der Bergpredigt handelt von liebevollen Beziehungen untereinander. Es geht nicht um Nationalität, Geographie, Ernährung, Zeremonien, Rasse, Kultur oder Erbe. Diese Dinge sind zwar gültige Bestandteile unseres Lebens als Christen, aber wenn sie der Nächstenliebe in die Quere kommen, werden sie zu Götzen. Wir sollen diese Dinge nicht auslöschen oder ignorieren, aber wir sollen sicherstellen, dass sie die Nächstenliebe unterstützen und ermutigen. Alle Werte und Aktivitäten in unserem Leben sollten der Liebe dienen. Liebe gehört an die Spitze der Hierarchie und gibt allem anderen Bedeutung und Leben. Denke Liebe.

*Dienstag*

## Glück

Viele Menschen glauben nicht an Gott. Manchmal sage ich trotzdem „Gott segne dich", weil ich an Gott glaube und Er segnen kann. Viele Menschen wünschen mir „Viel Glück", obwohl ich nicht an Glück oder den Zufall glaube. Der Zufall funktioniert immer fifty-fifty, somit geschieht nichts aus Zufall. Die Menschen stellen sich Glück als die Kraft eines unpersönlichen, mechanischen Universums vor, die ihr Leben bestimmt, oder als persönliche Glücksgöttin. Die Hoffnung oder der Wunsch nach viel Glück ist hoffnungslos und beliebig. Wir leben in einer persönlichen Wirklichkeit, in der Gott alles sieht und sich um alles kümmert. Gott segne dich.

*Mittwoch*

## Das Gleichnis von der Bananenschale

Wenn ich zu spät aufstehe und auf den Bahnsteig rennen muss, um den Zug zum Flughafen für eine Missionsreise zu erwischen, könnte ich auf einer Bananenschale ausrutschen und mir den Knöchel brechen. Wie soll ich diese Situation verstehen? Lag es an meiner Sünde des zu späten Aufstehens? Oder an der Sünde des Bananenessers? Oder am Teufel, der verhindern will, dass meine Missionsreise anderen Menschen ein Segen wird? Oder hat Gott sie verursacht, weil der Zug entgleisen wird? Alle Dinge dienen denen zum Besten, die Gott lieben. Meine Aufgabe ist nicht, alles zu verstehen, sondern den Herrn und meinen Nächsten zu lieben.

*Donnerstag*

## Besonders und gewöhnlich

Jeder von uns hat ebenso besondere oder einzigartige Erfahrungen und Erlebnisse in seinem Leben, wie auch gewöhnliche. Besondere Erfahrungen wie Träume, Visionen, Heilungen, Treffen in einer großen Gruppe, sind ermutigend und prägen sich tief ein, können aber in der Regel nicht wiederholt werden. Gewöhnliche Dinge wie Disziplin, Gebetsgewohnheiten, den Sünden Anderer mit Liebe zu begegnen, das grundlegende Raster unserer Weltanschauung, geben unserem Leben und der Welt Ordnung, einen Rahmen und Struktur. Sowohl das Besondere als auch das Gewöhnliche sind essentiell und müssen miteinander beachtet und koordiniert werden. Zusammen ergeben sie eine ganzheitliche und klare Sicht der Welt und unseres Lebens.

*Freitag*

## Die unverzeihliche Sünde

Manche Christen befürchten, dass sie die unverzeihliche Sünde, die Lästerung gegen den Heiligen Geist, begangen haben könnten, und nun für immer von Gott getrennt sind. Sünde ist Handeln und Reden, im Grundsatz aber eine Einstellung. Das Lästern gegen den Heiligen Geistes ist die Einstellung, dass Sein Werk böse ist, vor allem Sein Zeugnis von Jesus Christus. Menschen mit dieser Einstellung können nicht umkehren und Vergebung erlangen, weil sie glauben, im Recht zu sein. Wer befürchtet, diese Sünde begangen zu haben, hat es vermutlich nicht, ansonsten wäre es ihm egal. Wer sie tatsächlich begangen hat, ist zufrieden mit sich selbst.

# Woche 15

*Montag*

## Pfingsten I

Pfingsten ist der 50. Tag nach Ostern, an dem der Heilige Geist mit neuer und besonderer Kraft auf die Nachfolger Jesu kam, und sie mit anderen über Gott sprachen und in jeder Sprache verstanden wurden. Gott ist Liebe. Die Kraft des Heiligen Geistes befähigt uns, in liebevollen Beziehungen und Gemeinschaften zu leben. Die Gaben des Heiligen Geistes dienen dem Dienst am anderen. Geist ist Wind. Der Heilige Geist weht in und auf uns, um Jesus zu verkündigen, und gibt uns Gaben, die uns helfen andere zu segnen, besonders indem wir sie über Jesus und Gottes liebevolle Erlösung lehren. Er lehrt uns, wie wir uns ändern und geheilt werden müssen.

*Dienstag*

## Wahrheit und Bedeutung

Wahrheit ist nicht gleich Fakt. Wahrheit ist Fakt plus Bedeutung. Bedeutung bedeutet Beziehung, was heißt, dass nichts und niemand Bedeutung aus sich selbst hat. Nichts, was nur selbstreferentiell ist, hat Bedeutung. Die Bedeutung der Farbe Rot ist nicht die Farbe Rot, sondern ihre Beziehung zu den Farben Blau, Grün, Braun, usw. Die Bedeutung von Adam bei der Schöpfung lag interessanterweise nicht in Adam selbst (es ist nicht gut, dass der Mann allein sei), sondern in seiner Beziehung zu Gott und Eva. Die Bedeutung von Jesus liegt nicht in Jesus, sondern in Seinen Beziehungen zum Vater und zum Heiligen Geist. Wahrheit ist relational.

*Mittwoch*

## Geheiligt werde Dein Name

Ein Name ist nicht einfach nur eine Beschriftung. Er steht auch für den Charakter oder den Ruf. „Geheiligt werde Dein Name" ist kein Kompliment oder eine Feststellung. Es ist die Bitte, dass Gottes Name auf der Erde geheiligt werde, bzw. als heilig bekannt sei. Es ist die erste Bitte im Vaterunser, weil sie unser größtes Bedürfnis ist. Gottes Name ist oft als „Mythos" oder „optional" oder „Fantasie" bekannt. Dieser Fehler hält Menschen von Ihm fern. Die Hauptaufgabe von Gottes Volk, von Abraham bis zur Gegenwart, ist so zu leben und zu sprechen, dass Sein Name als heilig bekannt wird.

*Donnerstag*

## Bedürfnis

Unabhängigkeit ist ein grundlegender Wert unserer Zeit. Uns wird beigebracht, dass wir uns selbst erfinden und alles sein können, was wir wollen. Ein weit verbreitetes Prinzip besagt, dass man niemanden heiraten soll, den man braucht. Wir sollen unabhängig sein und selbstgenügsam. Das führt dazu, dass Menschen einander nicht wertschätzen, und wenn der Spaß abflaut, entsteht Verachtung. Gott hat die Menschen so geschaffen, dass sie Ihn und einander brauchen, besonders in der Ehe. Christen sollten klare Bereiche identifizieren, in denen sie Bedürfnisse haben, und Gott danken, wenn er ein paar dieser Bedürfnisse durch den Ehepartner befriedigt. Gott hilf uns einander zu dienen und voneinander abhängig zu sein. Amen.

*Freitag*

**Veganismus**

Das Hauptargument des Veganismus richtet sich gegen die Kommerzialisierung von Tieren: Menschen sollten Tiere nicht besitzen, ausbeuten, kaufen oder verkaufen. So zu leben ist nur möglich mit der Unterstützung moderner Technologie bei Transport, Landwirtschaft und Synthetikfasern für Kleidung. Die vegane Diät gehört dazu. Veganismus schließt den Besitz von Haustieren aus. Die große Frage ist, ob Menschen die Verantwortung haben, sich um die anderen Tiere zu kümmern, wie die Bibel lehrt, oder ob der Mensch wie ein Pflanzenfresser leben soll, ohne Tiere für den Unterhalt der Zivilisation zu verwenden. Für diese Entscheidung ist es wichtig zu wissen, ob die Natur perfekt ist oder zerbrochen.

# Woche 16

*Montag*

## Was ist Liebe?

Liebe ist kein Gefühl, Anhängsel oder Appetit. Liebe bedeutet nicht auf sich selbst, sondern auf den anderen zentriert zu sein. Das Zentrum von Jesus ist nicht Jesus, sondern der Vater und der Heilige Geist. Das Zentrum des Vaters und des Heiligen Geistes sind jeweils die anderen beiden Personen Gottes. Jede Person Gottes entleert sich selbst in die anderen beiden, um sie zu versorgen und zu erhalten. Das bedeutet, dass jede Person sich einmal entleert und zweimal gefüllt wird, somit entsteht ein konstantes Wachstum. Liebe ist eine Abfolge von verantwortlichen Entscheidungen und Handlungen, durch die wir die Geliebten ermutigen und ihnen helfen, zu werden, wozu Gott sie geschaffen hat.

*Dienstag*

## Lobpreis/Anbetung

Im Lobpreis bzw. Anbetung sagt man jemanden, welchen Wert er hat [engl. „worship" = „worth ship"]. Wir beten Gott an oder Geld oder Werbetreibende oder kulturelle Normen, indem wir sie mit Wort und Gesang preisen, in sie investieren, sie nachahmen und ihnen gehorchen. Lobpreis findet jeden Tag statt, rund um die Uhr. Er endet nicht mit dem Gottesdienst. Wir gehen in die Kirche, um uns auf den Lobpreis vorzubereiten, der am Montag und jeden folgenden Tag stattfinden wird. Für viele Dinge ist unser Lobpreis erzwungen und übertrieben. Der Lobpreis Gottes ist frei und kann niemals übertrieben sein. Wir können Ihn mit ganzem Herzen preisen in dem Wissen, dass Er niemals unwürdig sein wird für unseren Lobpreis und unsere Anbetung.

*Mittwoch*

## 200% Wirklichkeit

Die naturalistische Wissenschaft hat uns beigebracht, die Wirklichkeit im Sinne von 100% zu verstehen. Wenn wir aber Themen wie Gottes Souveränität und den freien Willen des Menschen in ein zweidimensionales Kuchendiagramm pressen, lässt sich das nicht wirklich gut aufteilen. Entweder führt es dazu, dass es keine Souveränität gibt, oder keinen freien Willen. Die Bibel hingegen addiert eine 100%-ige übernatürliche Realität dazu. Wenn wir ein dreidimensionales Kugeldiagramm wählen, erhalten wir eine 100%-Ebene der Souveränität, und eine [um 90° gedrehte] 100%-Ebene des freien Willens. Souveränität und freier Wille stehen nicht im Wettstreit um Raum, sie ergänzen einander in einer Ehe-Beziehung. Christen sind nicht Gott gleich. Sie sind 100%-ig hingegeben und entschieden.

*Donnerstag*

## Zufall

Gott hat die Funktion von Ursache und Wirkung in die Schöpfung eingebaut. Wir können Ursache und Wirkung nicht direkt beobachten oder vollkommen verstehen. Nach menschlicher Betrachtung geschehen viele Dinge durch Zufall insofern, als dass sie unvorhersehbar sind. Der Zufall ist kein Motivator oder Verursacher von Ereignissen. Ereignisse geschehen mittels Zufall und mittels Zeit, aber nicht aufgrund von Zufall oder Zeit. Wenn wir 10 x eine Münze werfen, erkennen wir vielleicht eine Tendenz zu Kopf oder Zahl. Nach einer gewissen Zeit des Münzwerfens verschwindet diese Tendenz. Nichts geschieht aus Zufall. Dinge geschehen durch den Willen Gottes und den Willen seiner persönlichen Geschöpfe.

*Freitag*

## Tod

Tod ist letztendlich Entfremdung oder Trennung. Der Mensch ist ein Bündel des Lebens mit Verstand, Wille, Gefühlen und einem Körper, alles zusammengehalten von einem Klebstoff namens Seele. Wenn du deine Seele verlierst, dann verlierst du diesen Klebstoff und fällst auseinander. Was den Klebstoff klebrig macht, ist das Blut Jesu, das den Menschen reinigt und im Leben zusammenhält. Der körperliche Tod ist eine Trennung der Einzelteile, aber Menschen, die das Blut Jesu haben, werden bei der Auferstehung wieder für immer zusammengesetzt. Wir erleben auch den Tod von Beziehungen, von Vertrauen, Hoffnung und Ideen. Schau auf Jesus für den Sieg über den Tod.

# Woche 17

*Montag*

## Leben im Überfluss

Wenn man zehn zufällig ausgewählte Leute fragen würde, ob ihr Leben größer oder kleiner wird, wenn sie Christen werden würden, was denkst du, wären ihre Antworten? Manche Christen denken, sie könnten ihr Leben rein halten, in dem sie fast vollständig auf Bücher, Musik oder Filme verzichten. So auch der Apostel Paulus, als er noch gesetzlich war. Als er dann Christ wurde, wurde auch er frei, die heidnischen griechischen Dichter zu lesen und auswendig zu lernen. In seiner Predigt in Athen (Apostelgeschichte 17) zitierte er sogar ein Loblied auf Zeus. Gott helfe uns dabei, unsere Nächsten zu lieben indem wir lernen, was sie in ihren Herzen und Köpfen haben. Amen.

*Dienstag*

# Ein Gleichnis von Schmerz und Heilung

Es war einmal ein kleines Mädchen, das wurde auf vielfältige Art verletzt, abgelehnt und herumgestoßen. Es baute deshalb um sich herum eine Mauer, und schloss damit den Schmerz aus. Ihr höchstes Ziel war die Vermeidung von Schmerz. Daraus entstanden neue Probleme in Form von Einsamkeit, Ängsten und Sorgen. Sie war unglücklich, und es ging ihr nicht gut. Dann erkannte sie, dass sie versucht hatte, ihr eigener Gott und Beschützer zu sein, und dass sie sich dadurch verkrüppelt hatte. Sie kehrte um zu Gott in Buße und erfuhr Vergebung. Sie wandte sich an Gott im Vertrauen auf Seinen Schutz und wahre Identität in Jesus Christus, und der Heilungsprozess begann.

*Mittwoch*

**Im Frieden sein oder sich nicht kümmern?**

Es ist uns verboten, uns um irgendetwas zu sorgen und ängstlich zu sein, und uns verheißen, Gottes Frieden in allen Dingen zu haben. Manchmal führt das „im Frieden sein" dazu, dass man sich nicht mehr kümmert oder gleichgültig wird. Wie können wir hinsichtlich unserer Arbeit, unserer Gesundheit oder eines Streites in der Familie oder der Kirche im Frieden sein und dennoch engagiert und effektiv bleiben? Das ist eine besondere Energie vom Heiligen Geist, eine passive Aktivität, eine ruhige Dringlichkeit, eine dynamische Passivität, Glaube und Werke, im Leben eines Christen vereint. Bitte um diese Erfahrung und halte nach ihr Ausschau. Im Herrn zu ruhen gibt uns Kraft zu dienen.

*Donnerstag*

## Segen und Fluch

Segen macht unser Leben größer, voller, reicher. Fluch macht unser Leben kleiner. Es können Aussagen oder Rituale sein, aber sie bedeuten viel mehr. Ein Segen kann Geld sein, oder Gesundheit, Wissen, Ermutigung, Hilfe, Zurechtweisung oder Herausforderungen zum besser werden. Segen macht uns wirklich. Fluch macht uns unwirklich. Segen ist oft schmerzhaft, wohingegen Fluch sich oft gut anfühlt. Ein Beispiel für einen schmerzhaften Segen ist der Zahnarzt. Schmeichelei ist ein Beispiel für einen angenehmen Fluch. Segen bewirkt, dass wir uns mit dem Leben und mit Wachstum befassen. Fluch lenkt uns vom Leben ab und ermutigt uns zu schrumpfen.

*Freitag*

## Berufung

Es gibt eine gewöhnliche, allgemeine Berufung, die allen Christen gemein ist, und spezielle Berufungen für jeden einzelnen von uns. Die allgemeine Berufung, die unserem Leben Ordnung gibt, besteht darin, an Jesus zu glauben, Gottes Kind zu werden, einander zu lieben und die Früchte des Geistes hervorzubringen. Die speziellen Berufungen beinhalten verheiratet zu sein, Medizin zu studieren oder Klempner zu werden, ein Amt in der Kirche inne zu haben, ein treuer und zuverlässiger Arbeitnehmer zu sein, in die Mission zu gehen, eine NGO zu gründen. Wenn unser Fokus auf einer speziellen Berufung unsere Liebe zu anderen behindert, dann verlieren wir die Verbindung zur allgemeinen Berufung, und unser Leben gerät in Unordnung. Sich auf das Wesentliche zuerst zu konzentrieren bringt Segen.

# Woche 18

*Montag*

## Christ sein ist gewöhnlich

Zum Glauben an Jesus Christus zu kommen und wiedergeboren zu werden, war für ihn das Außergewöhnlichste, was er jemals erlebt hatte. Er war sehr aufgeregt und versuchte, diese spannende Erfahrung und Emotion zu wiederholen. Das war sehr anstrengend und manchmal musste er sich selbst und anderen etwas vorspielen. Langsam erkannte er, dass die besonderen Dinge ihm nicht die Ordnung und Stabilität gaben, die er brauchte. Die gewöhnlichen, treuen Werte und Gewohnheiten des Christentums wurden zum verlässlichen Fundament seines Lebens. Besondere Erfahrungen sind für besondere Gelegenheiten angemessen. Die gewöhnlichen Dinge verleihen unserem Leben ständige, treue Güte.

*Dienstag*

## Christ sein ist gewöhnlich

In 1. Korinther 11 lehrt uns Paulus, uns zu prüfen und das Abendmahl nicht in unwürdiger Weise zu empfangen, sondern den Leib und das Blut des Herrn anzuerkennen. Das bedeutet nicht, unsere Sünden zu bekennen und rein und würdig zu werden. Es bedeutet zu wissen, dass wir unwürdig sind, und den Leib und das Blut Jesu als den einzigen Weg anzuerkennen, um würdig zu werden. Wenn wir wissen, dass wir durch Jesus gerettet sind, können wir voller Freude das Brot und den Wein miteinander empfangen. Wir werden würdig, wenn wir erkennen, dass wir unwürdig sind. Vertraue allein auf Jesus.

*Mittwoch*

## Nähere dich Gott

Am Ende eines dramatischen persönlichen Zeugnisses schrieb Asaph in Psalm 73: „Gott nahe zu sein ist gut für mich". Gott streckt sich immer vom Himmel aus, um uns nahe zu sein. Wir können uns Ihm nähern, indem wir uns an Ihn erinnern und uns zu Ihm erheben, uns erinnern, dass Er uns Leben gibt, uns schützt, uns erhält, uns befähigt. In all dem Stress und den Mühen des Lebens können wir Halt erfahren und eine realistische Perspektive bekommen, indem wir Seiner und Seiner machtvollen Liebe für uns gedenken. Sei bei Ihm Tag und Nacht.

*Donnerstag*

## Unterhaltung und Erziehung

Unterhaltung hält den Menschen zwischen zwei aktiven Teilen des Lebens in einer Schwebe des angeregten Genusses. Erziehung zieht Menschen heraus und vorwärts in ein vollständigeres Bewusstsein, Engagement und Lernen. Unterhaltung kann die Erziehung angenehmer machen, sie aber nicht ersetzen. Unterhaltung kann ein Segen oder eine Erweiterung des Lebens sein. Bei Erziehung ist das stets so. Unterhaltung lässt den Menschen dort, wo er war. Erziehung führt ihn voran. Unterhaltung gibt dem Menschen, was er will. Erziehung gibt dem Menschen, was er braucht. Unterhaltung ist cool. Erziehung ist heiß. Unterhalter [Entertainer] können beliebt und reich sein. Erzieher, die an Jesus glauben, segnen und sind für immer gesegnet.

*Freitag*

## Gleichheit

Menschen sind in vielerlei Hinsicht nicht gleich: Gesundheit, Intelligenz, Bildung, Ertragskraft, Familienhintergrund und Erbgut. Wir sind alle gleich hinsichtlich unserer Bedürftigkeit für Gottes Gnade und Errettung. Gerechtigkeit ist wie ein mit Luft gefüllter Ballon. Wenn man ihn mit einem großen Hammer zerschlägt, bleibt nur ein schlaffes Stück Gummi übrig. Wenn man ihn mit einer kleinen Nadel sticht, passiert das gleiche. Hinsichtlich meiner Bedürftigkeit für Gottes Vergebung gleiche ich einem mordenden Drogenhändler der Mafia. Manche Sünden richten mehr Schaden an als andere, aber sie bringen alle den Tod. Wir können auf niemanden herabschauen.

# Woche 19

*Montag*

## Selbstkontrolle und Kontrolle des Geistes

Die Bibel lehrt uns, nach "einem neuen Herz und einem rechten Geist" zu streben und "nicht träge zu sein in dem, was wir tun sollen, sondern brennend im Geist." Für uns allein ist das unmöglich. Gott verheißt uns "ein neues Herz und einen neuen Geist" und weist uns an, mit dem Geist und im Geist zu wandeln. Wir haben uns selbst am besten unter Kontrolle, wenn der Geist uns kontrolliert. Das Leben eines Christen ist zu 100 % aktiv und zu 100 % passiv. Sei Israel – der mit (nicht gegen) Gott für die Wahrheit und das Leben kämpft.

*Dienstag*

# Rechte und Verantwortungen

Die Bibel ist sich der Bedürfnisse der Menschen bewusst. Sie begegnet diesen Bedürfnissen, indem sie den Menschen Verantwortung für einander überträgt. Die Bibel scheint keine "Rechte" zu kennen. Verantwortung hat den anderen im Mittelpunkt, Rechte hingegen sind selbst-zentriert. Der wichtigste moralische Imperativ der Welt besteht darin, herauszufinden, was uns das Leben schuldet und uns dem Einsammeln zu widmen. Im Königreich Gottes finden wir unsere Verantwortungen und wie wir helfen können, dass das Leben gelingt. Wir schulden dem Leben, das Leben schuldet nicht uns. Rechte annullieren Gnade. Verantwortung empfängt Gnade. Wenn wir unser Leben in Christus verlieren, finden wir es.

*Mittwoch*

## Geistlich = Übernatürlich

Manche Menschen glauben dieser Gleichung, dass geistlich gleich unsichtbar, nicht-körperlich ist. Die Bibel lehrt uns, dass dies falsch ist. Geburt und Auferstehung Jesu waren geistlich und bewusst körperlich. Wenn die körperliche Geburt und Auferstehung Jesu nicht geistlich sind, haben wir Weihnachten und Ostern verloren. Unser geistliches Leben ist körperlich, intellektuell, emotional, relational und übernatürlich. Das geistliche Königreich Gottes beinhaltet eine physische, neue Erde. Jesus starb, damit wir ganz und vollständig werden. Alles, was uns unvollständig oder gespalten macht, ist ungeistlich. Gott will nicht, dass wir in geistliche und nicht-geistliche Teile gespalten sind, sondern dass wir ganz sind.

Geistlich = total real.

*Donnerstag*

## Vollzeit-Christen

Manche Christen reden davon, in den "vollzeitlichen christlichen Dienst" zu gehen. Manchmal heißt es auch, "in die Mission zu gehen". Christen sollten immer Vollzeit-Christen und im Dienst oder in der Mission sein, auf unterschiedlichste Art und Weise. Wir sind alle Propheten, Priester und Könige. Dabei spielt es keine Rolle, ob sich unser Einkommen aus dem Zehnten oder der örtlichen Wirtschaft finanziert. Es gibt im Christentum kein Klassenwesen und keine Teilzeitchristen. Wir alle sollen für den Dienst und das vollzeitliche Leben als Christ Verantwortung übernehmen. Sei christlicher Vollzeithandwerker oder Vollzeitpastor. Sei das, was du kannst, für Jesus.

*Freitag*

**Fasten**

Die Bibel betrachtet das Fasten als einen integralen Bestandteil des Lebens als Christ. Wir können Nahrung fasten, Gespräche, Lesen, Medienzeit, Internet oder andere Dinge. Das Fasten dient in der Regel einem besonderen Zweck, sei es Buße, Danksagung, Entscheidungsfindung hinsichtlich einer Arbeitsstelle oder eines Ehepartners, dem Beitritt einer Gemeinde oder als Vorbereitung für ein Studium. Es kann für uns sein und/oder für andere. Fasten macht uns schwach und hilft uns, unser Bedürfnis für Gott zu erkennen. Fasten schärft unseren Verstand und hilft uns zu beten und Gottes Führung zu empfangen. Fasten ist keine Zauberei und sollte nicht als olympischer Wettkampf um Geistlichkeit verstanden werden. Es sollte nicht übertrieben werden, um so nicht unserer Gesundheit zu schaden.

# Woche 20

*Montag*

## Folge deinem Herzen

Das ist ein sehr beliebter Ratschlag. Er ist Ausdruck des humanistischen Glaubens, dass in jedem von uns etwas Gutes innewohnt, das uns unfehlbar und glaubwürdig in unserem Leben leiten kann, wenn wir nur in uns hineinschauen und es finden. Wenn die Bibel wahr ist, dann ist unser Herz trügerisch, unzuverlässig und nicht vertrauenswürdig. Wir sollen Gottes Wort vertrauen und jeden Impuls unseres Herzens dadurch prüfen. Es ist sehr attraktiv zu glauben, dass das, was sich richtig anfühlt, auch richtig ist. Meine Gefühle sind ein Ausdruck „meiner Wahrheit", die mich jedoch von der Wahrheit jedes anderen isoliert. Dein Herz sagt dir vieles. Prüfe alles.

*Dienstag*

## Scham

Scham, oder ein Gefühl von Wertlosigkeit, ist schmerzhaft. Wenn uns dieser Schmerz zu Jesus zieht, können wir von Ihm einen neuen und ewigen Wert erhalten und die Scham missachten. Wenn Scham uns nicht zu Jesus treibt, führt sie zu Bitterkeit, Groll und Hass. Sie schädigt und entstellt uns. Wenn wir andere beschämen, um uns selbst besser aussehen zu lassen und besser zu fühlen oder um sie zu dominieren, dann sollten wir uns schämen. Scham ist Armut im Geiste, die wir benötigen, um Gottes Königreich zu ererben. Fürchte nicht die Scham, versuche nicht, sie allein zu lösen. Bringe sie zu Jesus. Er liebt dich und wird etwas dagegen tun.

*Mittwoch*

## Freiheit zu versagen

Alle Christen sind Sünder und gebrochen. Gott will, dass wir vollkommen sind, aber wir sind es nicht, was frustrierend ist. Wenn Nichtchristen versagen, kann dies ihre selbsterschaffenen Identitäten zerbrechen. Wenn Christen versagen, kann ihnen durch Jesus vergeben werden, und Er kann sie wieder aufrichten. Wir wollen in keinerlei Hinsicht versagen, aber Jesus gibt uns die Freiheit zu versagen, ohne in Panik zu geraten, und dann in Hoffnung und Vertrauen weiter zu gehen. Wenn du versagst, dann suhle dich nicht in der Scham. Bringe den Fehler offen im Gebet zu Gott. Betrachte den Fehler aus der Perspektive der ewigen Gnade und Liebe Gottes. Empfange Seinen Frieden und Trost und Kraft für das Leben.

*Donnerstag*

## Seid dankbar in allen Lebenslagen

Christen leben unter ganz unterschiedlichen Umständen: gesund und krank, reich und arm, sicher und in Gefahr, beliebt und einsam. Was allen Christen gemein ist, ist die universelle und ewige Wahrheit des erlösenden und lebendigen Evangelium Gottes in Jesus Christus. Diese Wahrheit ist in jeder unterschiedlichen Situation am Werk. Ob unsere Umstände angenehm sind oder nicht, sie können bewirken, dass wir Gottes Liebe vergessen und undankbar werden. Gottes Liebe umgibt all unsere Lebensumstände. Wir sollten nicht für alle Umstände dankbar sein, denn manche sind schlecht. Wenn wir uns aber an Gottes Liebe erinnern, können wir auf realistische Art dankbar sein, und das ist für uns gesund und ermutigend.

*Freitag*

## Sprache I

Gott spricht und ist treu in dem, was Er sagt. Der Mensch in Seinem Ebenbild soll sprechen und treu sein in dem, was er sagt. Wenn wir unsere Achtung vor der Sprache und unsere Hingabe in die Bedeutung von Wörtern verlieren, dann machen wir uns abhängiger von Gesichtsausdrücken, Körpersprache, emotionaler Energien, sozialen Verbindungen und unseren eigenen Wünschen in der Kommunikation. Dieser Prozess fühlt sich gut an und ist attraktiv, weil er entspannter ist als Sorgfalt und Hingabe. Obwohl nonverbale Kommunikation gültig ist, kann sie uns den Tieren ähnlicher machen als Gott. Sei vorsichtig. Wähle das Leben.

# Woche 21

*Montag*

## Der Elefant im Raum

Ein Elefant wird für eine sehr bekannte Veranschaulichung zur Verteidigung des Relativismus verwendet. Der Elefant steht für die Wahrheit, während lauter blinde Menschen versuchen herauszufinden, was Wahrheit ist. Sie entdecken den Rüssel, den Schwanz, ein Bein und den Bauch, und halten die Wahrheit für einen Schlauch, ein Seil, ein Baum oder eine Wand. Der Punkt ist, dass wir unsere jeweiligen Reisen auf der Suche nach Wahrheit gegenseitig akzeptieren und tolerieren müssen, um die volle Wahrheit zu erlangen. Das Problem ist aber, dass der Elefant still und passiv ist und uns nicht dabei hilft, ihn zu erkennen. Gott ist eine aktive, persönliche Wahrheit, die uns von sich Selbst und von allem anderen erzählt.

*Dienstag*

# Gottes Verheißungen

Viele von Gottes Verheißungen wurden bereits erfüllt, sei es für Menschen, die vor langer Zeit lebten, oder für die gesamte Gemeinschaft. Sie können von Einzelnen nicht mehr beansprucht werden. Eine Verheißung, die von jedem von uns beansprucht werden kann, steht in Philipper 4:6-7. Gott verheißt uns, dass, wenn wir alles vor Ihn bringen, Er uns in Jesus Christus bewahren wird. Unser tiefstes Bedürfnis ist gewollt zu sein, bewahrt zu werden und dazuzugehören. Das ist die Verheißung, die wir wirklich brauchen. Das ist die Verheißung, die Gott immer für jeden von uns erfüllen wird. Wenn wir diese Verheißung beanspruchen, wird unser ganzes Leben von Gottes Liebe geborgen und erhalten.

*Mittwoch*

## Authority

Autorität ist die Macht, die Wirklichkeit zu beschreiben, so wie ein Autor die Wirklichkeit seines Buches beschreibt. Alle Autorität kommt von Gott, dem Autor der Wirklichkeit. So wie Kinder ihre Eltern brauchen, die für sie beschreiben, wann es zu Bett geht, was es zu Essen gibt, und wo man sicher spielen kann, brauchen wir Gott, damit Er für uns die Wirklichkeit beschreibt. Er tut dies durch die Bibel und durch den Heiligen Geist. Autorität wirkt in den Beziehungen Gott-Mensch, Eltern-Kind, Regierung-Bürger, Ehemann-Ehefrau, Arbeitgeber-Arbeitnehmer, Älteste-Kirchenmitglieder und anderen. Alle Beziehungen sind durch die Sünde gestört. Freiheit entsteht durch Beten und Streben nach gesunden Beziehungen, nicht durch die Abschaffung von Autorität. Bete für diejenigen, die Autorität haben.

*Donnerstag*

# Gnade

Er hat in der Arbeit durch Fehler Schaden angerichtet. Sein Chef vergab ihm, weil er ihn angestellt und ausgebildet hatte und in seine Zukunft Hoffnung setzte. Das ist Gnade, die den Bedürftigen durch die Mächtigen gewährt wird. Durch die Kraft des Heiligen Geistes können wir Gnade an andere weitergeben. Schwache, einfache und verachtete Christen haben die Macht von Gott, Gnade an andere weiterzugeben. Wenn Christen andere durch die Brille der Gnade betrachten, werden sie Salz und Licht in der Welt und zu Werkzeugen Seines Friedens. Die Schwachen verstecken sich hinter Rechten oder scheinbarer Überlegenheit. Die Starken sind gnädig.

*Freitag*

## Die Schlacht

Wenn wir unseren Kindern vermitteln, dass das Geschlecht ein Geschenk ist, dass wir uns nicht selbst erfinden, und dass nur Jesus der Herr ist, wird das sie und uns in einen scharfen Widerspruch mit der Schule und der Kultur im Allgemeinen setzen. Unsere Situation ist nicht sicher, aber Gott ist mit uns. Unsere Kultur vermittelt uns und unseren Kindern tödliche, unbiblische Ideen und verlangt Konformität. Wo sollen wir die Grenze ziehen und Stellung beziehen? Gott gebe uns Weisheit und Mut. Amen.

# Woche 22

*Montag*

## Totale Freiheit = Tod

In unserer Kultur hat Freiheit einen zunehmend höheren Stellenwert als Form, Loyalität, Verantwortung, Verlässlichkeit oder Gehorsam. Der Mensch wurde von Gott nicht für die Einsamkeit oder Unabhängigkeit geschaffen. Wenn wir als Individuen oder Gesellschaften völlig frei werden von unserer Abhängigkeit voneinander, bewegen wir uns in Richtung Entfremdung und Isolation, also Tod. Menschen wollen entsprechend ihrer eigenen Vorstellungen frei sein, aber unsere Vorstellungskraft kann keine Wirklichkeit erschaffen. Wirklichkeit ist, wer Gott ist, was Er tut und was Er will. Freiheit ist lebendig und hat nur im Zusammenspiel mit Form Bedeutung. Gott, hilf uns in den Formen, die Du uns gibst, frei zu sein. Amen.

*Dienstag*

## Gastfreundschaft

Gastfreundschaft gegenüber Fremden (Hospes) oder Feinden (Hostis) ist ein normaler Teil des christlichen Lebens. Christliche Gastfreundschaft [Hospitalität] bedeutet, diejenigen willkommen zu heißen, die es brauchen und uns nichts zurückzahlen können. Eine Party für Freunde auszurichten zählt nicht dazu. Menschen können in unser Haus eingeladen werden, in unsere Zeit, unsere Freundschaft. Gastfreundschaft ist vor allem für Glaubensgeschwister da, aber auch für Ungläubige. Sie kann dadurch begrenzt werden, dass die Familie ein besonderes Bedürfnis nach Privatsphäre hat. Die nationale Gastfreundschaft im Alten Testament beinhaltete auch, sich der jüdischen Religion und Kultur unterzuordnen. Wir schaffen eine Kultur für Besucher in unseren Häusern oder Gemeinschaften. Gäste sind nicht dazu eingeladen, unsere Kultur zu prägen. Kultiviere Xenophilie.

*Mittwoch*

## Anstößig

"Anstößig" zu sein ist ein Vorwurf, gegen den es keine Verteidigung gibt. Wenn jemand sich beleidigt oder genervt oder angegriffen fühlt, kann man über dieses Gefühl nicht diskutieren. Anstößig zu sein bedeutet anzugreifen, statt zu verteidigen. Wenn man etwas sagt, womit andere nicht übereinstimmen, dann greift man ihre Überzeugungen an. Wenn man nur zustimmt und niemals Anstoß erregt, dann gibt es keine Diskussion oder Debatte. Man wird zum Schweigen verdammt und der mit der lautesten Stimme oder dem größten Knüppel hat die Kontrolle. Das Evangelium von Jesus Christus ist anstößig, denn es stellt sich gegen die Überzeugung, dass es dem Menschen gut geht und er Gott nicht braucht.

*Donnerstag*

## Persönlich

Mit persönlich meinen die meisten Menschen das Selbst. Biblisch beinhaltet es auch den anderen. Gott ist ein persönlicher Gott. Er ist nicht eine Person, sondern drei Personen. Er ist persönlich, weil er Beziehungen hatte vor Anbeginn der Zeit. Das Bild von Gott ist „sie [Mehrzahl]". Alles andere war in der Schöpfung gut, aber für Adam war es nicht gut, allein zu sein, weil auch Gott nicht allein ist. Jesus ist ein persönlicher Erlöser, weil er persönlich ist und rettet, nicht weil ich persönlich an Ihn glaube. Persönlich beginnt nicht bei mir, es beginnt bei Gott, der Liebe ist. Vertraue in Ihn.

*Freitag*

## Die Wolke der Herrlichkeit

Die Wolke von Gottes Herrlichkeit bzw. Gegenwart taucht in der Bibel immer wieder auf und ist eine Schnittstelle zwischen den natürlichen und übernatürlichen Dimensionen. Die Wolke hilft uns dabei, viele Ereignisse wie den brennenden Busch, den Exodus, den rauchenden Berg Sinai, die Gegenwart Gottes in der Stiftshütte und dem Tempel, den Stern von Bethlehem, die Verklärung, die Himmelfahrt, die Bekehrung des Paulus und die zweite Wiederkunft Jesu zu verstehen. Die Wolke wird erfahren als Feuer, Licht, Dunkelheit oder Stern, aber niemals als Wasserdampf. Die Erfahrung der Wolke scheint im Wachzustand einzutreten und beinhaltet oft eine Stimme. Gott helfe uns, mehr vom Gesamtbild zu erkennen. Amen.

# Woche 23

*Montag*

## Jesus kennen

Jesus zu kennen beinhaltet richtige Lehre und Information über Ihn, und Erfahrungen von Ihm oder mit Ihm, durch Gehorsam und Nachahmung. Manche Menschen bekommen viele Informationen über Jesus, erfahren jedoch kaum Heilung oder Veränderung. Manche Menschen haben viele Erfahrungen mit Jesus gemacht, wissen aber nicht wirklich viel über Ihn. Man selbst kann leicht sehen, zu welcher Seite man selbst tendiert. Ein gesundes Christenleben beinhaltet, dass man sich vorsichtig auf die eher vernachlässigte Seite lehnt. Gott segne und leite uns und mache unser Leben vollständiger. Amen.

*Dienstag*

## Meditation

Meditation ist eine nichtlineare, kognitive Aktivität. Sie funktioniert in einer Sphäre oder einem Kraftfeld. Nichtchristliche Meditation konzentriert sich auf das Selbst und geht nirgendwo hin. Biblische Meditation ist passiver als das Denken oder Gebet. Man ist offen gegenüber Eindrücken durch den Heiligen Geist oder der Bibel über Gott und das Leben. Sie konzentriert sich auf Gottes Charakter wie z.B. seine unfehlbare Liebe oder unendliche Macht, die mysteriös ist und vom rationalen Verstand nicht vollkommen erfasst werden kann. Andere Formen der Mediation können begrenzt therapeutisch wirken. Christliche Meditation ist mit Gebet verknüpft und Teil eines ganzheitlichen Lebens in Christus.

*Mittwoch*

## Stereo-Perspektive

Den Sinn Christi zu haben bedeutet, die Wirklichkeit in einer einzelnen Stereo-Perspektive wahrzunehmen. Wir können unsere Lebensumstände und Erfahrungen wie mit einem Mikroskop betrachten. Wir können aber auch die ewigen Verheißungen Gottes wie mit einem Teleskop sehen. Die christliche Perspektive verwendet gleichzeitig das Mikroskop und das Teleskop, und vermittelt uns damit eine echte Stereo-Perspektive. Richte dein Leben nach Gottes Ewigkeit aus und setze gleichzeitig Gottes ewige Verheißungen für dein Leben um. Springe nicht hin und her. Der Heilige Geist gibt unserem Sehen dafür die Tiefenschärfe. Bitte darum und nutze es.

*Donnerstag*

## Betet ohne Unterlass

Wie beten wir ohne Unterlass? Wenn wir andauernd zu Gott sprechen, können wir mit niemand anders mehr reden. Vielleicht kann man das mit der Situation in der Schule oder in der Arbeit vergleichen. Wir reden nicht andauernd mit unserem Lehrer oder Boss, aber sie sind im Zimmer, und alles, was wir tun, hat irgendwie mit ihnen zu tun. Sie sind für uns eine Referenz und eine Richtschnur. Gott ist immer im Zimmer und er ist der Boss. All unser Denken, Handeln und Interagieren kann mit Gott in Beziehung stehen und eine feste und ewige Bedeutung haben.

*Freitag*

## Gebet 2

Gebet ist etwas anderes als Meditation, Kontemplation, Nachdenken, Ausdenken, Gefühl, Handlung oder Arbeit, Gemeinschaft mit der Natur, Ekstase oder transzendentale Erfahrung, Eins sein mit „Allem", Schweigeritual oder Magie. Gebet ist nichts natürliches, sondern ist uns von Gott gegeben als Teil unseres vollständigen geistlichen Lebens mit Ihm. Gebet ist persönliche Kommunikation zwischen einer Person und einer anderen Person. Gebet ist Sprache – direkt, eindeutig und verlässlich. In der Bibel spricht Sein Volk mit Ihm in normaler Sprache. Gott spricht zu uns durch Sein Wort und Seine Schöpfung. Wir können antworten, indem wir zu Ihm über Sein Wort sprechen, das uns Leben gibt. Kehre um zu Gott. Bring Wörter mit.

# Woche 24

*Montag*

## Schönheit

Attraktivität beschrieben, vor allem für die Augen, aber auch hinsichtlich des Nutzens oder der Annehmlichkeit. Diese Art von Schönheit ist für den Einzelnen oder einer Kultur vollkommen subjektiv. Die Bibel setzt Schönheit in einen Zusammenhang mit Heiligkeit oder dem, was für Gott attraktiv ist: Demut, Treue, Gehorsam, Dienen. Jesus war auf Erden körperlich nicht attraktiv, und ist vollkommen und ewiglich schön. Schönheit, die für Gott nicht attraktiv ist, wird aufhören zu sein. Schönheit, die zum Königreich Gottes gehört, wird ewiglich sein. Wir können Dinge tun und schaffen, die auf beide Arten schön sind. Betrachte alles stets im Zusammenhang von ewiger Schönheit und ewigem Leben.

*Dienstag*

## Sichtbar und Unsichtbar

"Denn wie der Leib ohne Geist tot ist, so ist auch der Glaube ohne Werke tot." Jakobus 2, 26. Der physische, sichtbare Körper ist tot ohne den unsichtbaren Geist. Der unsichtbare Glaube ist tot ohne die sichtbaren Taten. Das Sichtbare und das Unsichtbare gehören zusammen und wirken gemeinsam zum Leben hin. Man kann ohne physischen Körper nicht geistlich sein. Dein physischer Körper kann nicht leben ohne den Geist. Der Teufel will, dass wir uns für das eine oder das andere entscheiden. Jesus will, dass wir beides haben. Entscheide dich für das ganze Leben in Christus. Halte die sichtbaren und unsichtbaren Teile deines Lebens koordiniert, mit Gottes Hilfe.

*Mittwoch*

# Führung

Gottes Wille ist vollkommen, und Er möchte, dass wir verantwortungsvolle Entscheidungen treffen. Christen begehen zwei Fehler, wenn sie Entscheidungen treffen: 1. Völlig allein Entscheidungen treffen, ohne jede Einbeziehung Gottes. 2. Von Gott erwarten, dass er uns exakt sagt, was wir tun sollen, damit wir Ihm die Schuld geben können, wenn etwas schief läuft. Wenn wir sagen „Gott hat mir gesagt", dann kann niemand unsere Entscheidung in Frage stellen, ohne damit Gott in Frage zu stellen. Es gibt keine perfekten Entscheidungen, nur verantwortungsvolle. Gott leitet uns durch die Schrift, durch Visionen, Träume, Finanzen, das Reden anderer Menschen, Umstände und so weiter. Wir sind somit frei und verantwortlich.

*Donnerstag*

# Die Bedeutung von Bedeutung

Bedeutung bedeutet Beziehungen. Das bedeutet, dass nichts in sich selbst Bedeutung hat. Die Bedeutung der Farbe Rot liegt nicht in der Farbe Rot, sondern in seinen Beziehungen zu Grün, Blau, Gelb usw. Die Bedeutung von Adam in der Schöpfungsgeschichte lag auffälliger Weise eben nicht in ihm selbst (es ist nicht gut, dass der Mensch allein ist). Die Bedeutung von Adam leitet sich aus seiner Beziehung zu Gott (die aber nicht ausreicht) und zu Eva ab. Die Bedeutung von Jesus ist nicht in Jesus selbst, sondern in Seinen Beziehungen zum Vater und zum Heiligen Geist. Bedeutung ist eine Funktion der Liebe.

*Freitag*

## Wie wir wissen

Zu wissen, was Worte bedeuten, und diese Bedeutung zu teilen, ist essentiell, aber nicht das gleiche, wie die Wahrheit zu kennen. Freunde zu kennen ist mehr als nur ihren Namen und seine jeweilige Bedeutung zu kennen. Wir wissen rational, experimentell, emotional, sozial und durch Offenbarung. Wenn wir von der Sprache zu viel erwarten, werden wir frustriert werden. Wenn wir das, was wir sagen, nicht ernstnehmen, werden wir schlampig und instabil. Sprache muss sorgfältig bewahrt werden und im Kontext anderer Erkenntnisquellen verwendet werden. All unsere Erkenntniswege sind begründet und bewahrt in der Tatsache, dass Gott uns kennt. Wissen beginnt mit Gott.

# Woche 25

*Montag*

## Ich weiß nicht

Eine der großen Freiheiten im Christentum ist die Freiheit, „Ich weiß nicht" zu sagen. Menschen, die Gottes Frieden nicht kennen, verspüren den Druck, alles wissen zu müssen und immer Recht zu haben. Die Menschen fühlen Scham, wenn sie etwas nicht wissen, dabei ist das wirklich Beschämende wenn man so tut, als ob man weiß. Wir müssen Jesus kennen, was nicht nur eine intellektuelle oder rationale Art des Wissens ist. Man kann die Weisheit nicht suchen, außer man weiß, dass man sie nicht hat. Nicht viele Menschen mögen einen Besserwisser. Je früher du dir klar wirst, dass du nicht weißt, desto schneller lernst du und gewinnst Weisheit.

*Dienstag*

## Fundamentalismus

Jeder ist ein Fundamentalist und hat grundlegende Prinzipien [Fundamente], nach denen er die Welt und das Leben versteht. Die Grundlagen, die wir beanspruchen, und die Grundlagen, nach denen wir leben, sind oft unterschiedlich. Für einen Humanisten ist es fundamental, dass der Mensch gut ist; für einen Postmodernisten, dass der Mensch sich selbst erfindet; für den Kommunisten, dass Gleichverteilung wichtiger ist als Produktion; für den Kapitalisten, dass Freiheit und Finanzierung elementar sind; für den Christen, dass Wahrheit offenbart ist; für den Atheisten, dass Wahrheit nicht offenbart ist, sondern entdeckt wird. Was sind die Grundlagen in deinem Leben? Bist du ihnen treu oder inkonsistent?

*Mittwoch*

**„Ich weiß was ich mag."**

Jede Lebensform weiß was sie mag. Ein Großteil unseres Mögens macht keinen Sinn und ist nicht vernünftig. Wir können so tun, als ob wir etwas mögen, weil „es sich gehört, es zu mögen". Wenn wir etwas nicht mögen, heißt das nicht, dass wir es nicht verstehen oder nicht anerkennen. Wenn jemand etwas mag, was wir nicht mögen, dann macht das für uns keinen Sinn. Vielleicht können sie uns gar nicht erklären, warum sie es mögen. Etwas zu mögen bedeutet, sich daran zu erfreuen oder hingezogen zu sein. Wir mögen die Sünde, andernfalls würden wir sie nicht begehen. Dass wir etwas mögen, sagt mehr aus über uns selbst, als über das, was wir mögen.

*Donnerstag*

**Stark und schwach**

Jeder von uns hat Stärken und Schwächen, stark ausgeprägte Früchte des Geistes und schwach ausgeprägte. Das Starke zu stärken ist natürlich. Das schwach ausgeprägte zu stärken ist geistlich. Gott will, dass wir das Schwache stärken, damit wir vollständige und heilige Menschen werden. Wenn unser Wissen stark ist, sollten wir die Erfahrung stärken. Wenn unsere Erfahrung stark ist, sollten wir unser Wissen stärken. Das Schwache zu stärken ist eine angsteinflößende Reise ins Ungewisse. Gott helfe uns, im Glauben zu wandeln und die Hand Jesu zu ergreifen. Amen.

*Freitag*

## Sprache II

Gottes Wort ist verlässlich, verbindlich und bewahrenswert. Weil wir in seinem Ebenbild geschaffen sind, sollen unsere Worte auch verlässlich und verbindlich und bewahrenswert sein. Es hilft uns nicht, wenn Jesus sagen würde: „Eure Sünden sind so gut wie vergeben oder was auch immer..." Wir haben ganz natürlich ein ausgeprägtes Gespür für eine übermäßige Freiheit in unserem Sprachgebrauch (es sind nur Worte). Der Heilige Geist gibt uns einen geistlichen Sinn für Verbindlichkeit und Verlässlichkeit in der Sprache. Es ist ein schwieriger Kampf, verlässlich und vorsichtig mit unserer Sprache umzugehen, da unsere Sprachsünden Gewohnheit geworden sind. Habe Mut!

# Woche 26

*Montag*

# Identität

Id-Entität. Selbst-Ding. Das reicht für ein Leben in Gottes Königreich nicht aus. Die Identität Jesu liegt in Seinen Beziehungen zum Vater und zum Heiligen Geist. Unsere Identität liegt in unseren Beziehungen mit Gott und mit einander. Wahre Identität ist größer als das Selbst. Das Bild von Gott ist ein „sie" [Plural], nicht „er" [männlich] oder „sie" [weiblich]. Identifiziere dich selbst lieber durch Liebe, als durch eine Beschreibung deiner selbst. Gott, bitte hilf uns zu erkennen, dass unsere Identität nicht in uns selbst liegt sondern in unseren Beziehungen, die Du erst ermöglichst und bewahrst. Amen.

*Dienstag*

## Jesus ist die Antwort

Im Kindergottesdienst lernen die Kinder, dass „Jesus" eine gute Vermutung ist bei der Beantwortung der meisten Fragen. Tatsächlich liegt darin eine große Wahrheit. Nur in Jesus liegt die Bedeutung der Schöpfung, der Sintflut, des Turms von Babel, der Berufung Abrahams und der Geschichte der Juden, des Gesetzes im Alten Testament, und des menschlichen Lebens im Allgemeinen. Wenn wir Jesus verstehen, verstehen wir auch alles andere. Jesus ist das Zentrum von Allem und gibt ihm Bedeutung. Das Zentrum ist kein Punkt oder selbstzentrierter Kreis, sondern ein Kreuz und eine Person – strahlend und umfassend.

*Mittwoch*

## Gerechtigkeit und Liebe

Gerechtigkeit und Liebe sind sich sehr ähnlich. In der Bibel bedeutet „gerecht" nicht einfach nur fair oder gleich. Es bedeutet passend und angemessen. Ein ausgerichteter Winkel passt in den Fensterrahmen. Eine gerechtfertigte Person passt in den Rahmen von Gottes Charakter und gehört zu Ihm. Liebe bedeutet sich dafür zu entscheiden, so in das Leben einer geliebten Person hineinzuwirken, dass sie ermutigt und unterstützt wird, so zu werden wie Gott sie in Seinem Ebenbild will. Gerechtigkeit und Liebe gehören und wirken zusammen. Man kann sich das eine kaum ohne das andere vorstellen. Jesus rechtfertigt uns durch Seine Liebe. Lebe wie Jesus.

*Donnerstag*

## Von unseren Gefühlen lernen

Gott hat unsere Gefühle erschaffen. Sie sind wertvoll und wir lernen vieles durch sie. Sie sind ebenso durch die Sünde gebrochen und verdreht und belügen uns oft. Unsere Gefühle lehren uns viel über uns selbst – unseren Appetit und Geschmack und Ängste und Freuden. Gefühle und Erfahrungen sind eine Hälfte der Wahrheit. Die andere Hälfte sind Fakten und Bedeutung, die beide unabhängig von unseren Gefühlen und Erfahrungen sind und sie komplementär ergänzen. Unsere Gefühle zu töten bedeutet uns selbst zu töten. Unsere Gefühle mit Gottes Wort und Wahrheit gleichzusetzen heißt, Gut und Böse zu kennen und zu sterben.

*Freitag*

## Grenzen der Freiheit

Meine Freiheit zum Fäuste schwingen endet an deiner Nase. Meine Redefreiheit endet bei der Lüge und der Verleumdung. Wenn wir die Formen der Mechanik, Physik und Aerodynamik verstehen und respektieren, macht uns das frei, über den Ozean zu fliegen. Wenn wir die Formen ignorieren oder gegen sie verstoßen, stürzen wir ab. Wenn wir die Formen verlassen, die Gott uns für unser Leben gegeben hat, nähern wir uns dem Tod. Manche Begrenzungen wählen wir. Manche sind von Gott oder unserer Gesellschaft gegeben. Wenn wir versuchen, nur innerhalb der Grenzen zu leben, die wir selbst gewählt haben, werden wir uns selbst und andere zerstören.

# Woche 27

*Montag*

## Erlöse uns von dem Bösen

Es gibt keine Umstände und nichts, was uns geschieht oder was wir tun, das nicht interessant ist für den Teufel. Es gibt immer eine Gelegenheit für ihn, uns zu verführen, hin zum Tod. Wir können dem Teufel widerstehen, indem wir uns an Gott wenden und um Schutz bitten. Wenn das eine ständige Übung und Einstellung für uns geworden ist, wird Gott uns in seinen Armen beschützen und uns die Freiheit geben, unser Leben ungestört vom Bösen zu leben. Dadurch wird das Gute in unseren unvollkommenen Entscheidungen optimiert. Alles an unserem Leben ist für Gott interessant. Wende dich zu Ihm. Gott ist Liebe.

*Dienstag*

## Unseres Bruders Hüter

Viele Christen leiden unter der Last, ihres Bruders Hüter zu sein. Gott hat Kain nicht gesagt, dass er seines Bruders Hüter war. Kain wusste, dass nur Gott uns bewahren kann, also war seine Frage zynisch: „Bin ich Gott für meinen Bruder?" Jeder trifft seine eigenen Entscheidungen und lebt mit den Konsequenzen. Unsere Verantwortung ist, unseren Bruder zu lieben und dafür zu beten, dass Gott ihn bewahrt. Wir müssen füreinander sorgen, uns gegenseitig unterstützen und für einander beten, aber nicht uns gegenseitig bewahren. Wir sind nicht unseres Bruders Hüter – es ist schon schwer genug, sein Bruder zu sein.

*Mittwoch*

## Sorge

Uns ist gesagt, dass wir uns nicht sorgen sollen. Das fällt uns schwer, weil vieles uns bedroht, stresst und verwirrt. Wir wollen die Zukunft kennen und es fällt schwer, Gott für das Unbekannte zu vertrauen. Wenn wir uns Sorgen machen, fühlt sich das manchmal verantwortungsbewusster an, als wenn wir den Sorgen eine Abfuhr erteilen und einfach auf Gott vertrauen würden. Wenn wir vertrauen, haben wir mehr Energie und Stabilität, um verantwortungsbewusst zu sein. Weisheit ist, den Unterschied zu erkennen zwischen Dingen, die wir verändern können und denen, bei denen wir ganz passiv Gott vertrauen müssen. Bitte um Weisheit. Gott will sie dir geben.

*Donnerstag*

# Engel

Die natürlichen und die übernatürlichen Teile der Wirklichkeit sind miteinander verbunden. Engel (Malachi) sind Boten Gottes an die Menschen. Menschen können Engel auf unterschiedliche Weise wahrnehmen: als Feuer, als eine Stimme, als eine Person mit oder ohne Flügel. Das Übernatürliche wirkt auf unvorhersehbare Art und Weise in das Natürliche hinein. Die meisten Menschen begegnen Engeln, wissen es aber oft nicht. Engel können sich körperlich manifestieren, den physischen Raum beeinflussen und sogar mit anderen Menschen essen. Engel tragen das Übernatürliche in das Natürliche hinein, um zu lehren, zu warnen, zu ermutigen, zu verkünden. Es ist gut, Engeln gegenüber empfänglich zu sein. Wenn du Gottes Wort und Gnade zu den Menschen bringst, dienst du wie ein Engel.

*Freitag*

## Bund

Ein Bund ist wie das Arbeitsplatzangebot eines Firmenbesitzers. Der Besitzer bietet Zugehörigkeit, Schutz, Gemeinschaft, Versicherung, produktive Arbeit und einen Rentenplan an. Der Besitzer gibt sich selbst durch ethische Prinzipien, die ein Ausdruck Seiner selbst sind, und gibt uns den Auftrag, Seine Wahrheit in der ganzen Welt zu verbreiten. Unser Teil besteht darin zu glauben, dass der Besitzer und die Firma gut und wahr sind, und uns vertrauensvoll zu verpflichten, gemäß der Firmenrichtlinien zu leben. Nach anderen Prinzipien in der Firma zu leben funktioniert nicht. Wir können diesen Bund nicht perfekt einhalten, aber Jesus konnte das, und wir können an Seiner Perfektheit Anteil haben.

# Woche 28

*Montag*

## Vertrauen und Zuversicht

In Zeiten der Krise und des Stresses, wie 2020 während der Pandemie des Corona-Virus, fällt es schwer zu vertrauen. Regierungen machen Fehler, jeder, dem wir begegnen, könnte uns infizieren, diejenigen, die unser Online-Leben kontrollieren, verfolgen ihre eigenen Ziele. Wir können nicht jedes Detail erkennen oder verstehen. Aber wir können das Gesamtbild in Gottes Person und Seinen Verheißungen sehen. Er verspricht, dass Er uns bewahrt, so dass nichts uns von Ihm trennen kann. All die verwirrenden und anstrengenden Details unseres Lebens finden ihre wahre Bedeutung aus der Perspektive von Gottes ewigen Verheißungen. Halte deine Augen auf Jesus gerichtet. Gedenke Seiner Macht und Treue und finde Frieden.

*Dienstag*

## Glaube

Glaube ist das Vertrauen in Dinge, die wir nicht sehen oder verstehen. Glaube und Wissen arbeiten zusammen und ergänzen sich. Wir wissen aus Erfahrung, dass wir Schokolade mögen. Wir wissen aus Beobachtung und Vernunft, dass 2+2 = 4 ist. Wir wissen aus der kulturellen Tradition, dass man bei einer roten Ampel anhält. Wir wissen durch Beobachtung und Glauben, dass uns unser Freund mag. Wir wissen, dass die Bibel wahr ist, weil sie historisch und wissenschaftlich korrekt ist, sich selbst nicht widerspricht und das menschliche Leben so beschreibt, wie wir es kennen. Wir wissen auch durch Glaube und Erfahrung. Glaube und Wissenschaft sind Freunde. Schmecke und sieh.

*Mittwoch*

## Dankbarkeit

Eine der häufigsten Reaktionen auf Gott in der Bibel ist Dankbarkeit oder Danksagung. Das macht Sinn, denn wir verdanken Ihm unsere Existenz und unseren Lebensunterhalt. Dankbarkeit ist eine vernünftige und angemessene Reaktion und Einstellung in Gottes Realität. Sie ist auch ein Gefühl, wird jedoch häufig nicht als solches erkannt. Manchmal überkommt uns das Gefühl von Dankbarkeit und das sollte stets kultiviert werden. Dankbarkeit taucht unser ganzes Sein in eine Atmosphäre von Gesundheit und Wohlbefinden. Dankbarkeit ist der Gegenspieler von Stress und Ängsten. Wir bilden uns keine Dinge ein, für die wir dankbar sein sollten. Gottes unverdiente Gnade ist beständig.

*Donnerstag*

## Sieg in Krisenzeiten

Im Jahre 2020 wurde uns bewusst, dass wir Gott brauchen, um uns vom Corona-Virus und seinen sozialen und wirtschaftlichen Nebeneffekten zu heilen. Lasst uns die anderen Bereiche vor Gott bringen, in denen wir Bewahrung und Heilung brauchen: unsere Neigung uns Sorgen zu machen, unsere grundlosen Ängste, unser Hang zu Vorurteil und Schuldzuweisung, negative oder paranoide Interpretationen dessen, was andere sagen oder tun, Teil des Problems zu sein statt Teil der Lösung. Wenn wir in diesen und anderen Bereichen verändert und geheilt werden können, wird die Zeit von Corona eine Zeit des Sieges in unserem Leben und unseren Beziehungen sein.

*Freitag*

## Liebe als Lebenszweck

Gott gibt uns Gaben der Fertigkeit, der Fähigkeit und des Wissens, der Prophetie, der Heilung, der Unterscheidung, der Zungenrede und Früchte der Geduld, Freundlichkeit, Güte, Treue und Sanftmut. Der Zweck dieser Dinge ist nicht, sie für sich selbst zu haben. Sie dienen als Werkzeuge, die uns befähigen zu lieben. Liebe ist kein Gefühl. Gefühle passieren einfach, sie sind nicht etwas, was wir wählen und tun. Liebe ist Entscheidung und Handlung, um andere zu ermutigen, zu befähigen und zu unterstützen, sie aufzubauen, damit sie Christus ähnlich werden. Durch Liebe helfen wir Menschen so zu werden, wie Gott sie haben will. Liebe deinen Nächsten wie dich selbst.

# Woche 29

*Montag*

## Was ist mit jenen, die nie gehört haben?

Viele mitfühlende Christen sorgen sich um jene, die nie das Evangelium gehört, die Bibel gelesen oder einen Missionar getroffen haben. Das Grundlegendste, was jemand erkennen muss, um gerettet zu werden, ist, dass er gebrochen ist und Gottes Vergebung und Heilung braucht. Gott spricht zu jedem auf unterschiedlichste Weise: durch die Bibel, das Gewissen, Träume, die Überführung durch den Heiligen Geist. Die Frage ist, wie die Menschen darauf antworten. Im Römerbrief 1 lesen wir, dass niemand eine Entschuldigung hat. Es ist dringlich, den Menschen mehr Gelegenheit zu geben, darauf zu antworten, durch Missionsarbeit nah und fern. Ermutige zur Armut im Geiste.

*Dienstag*

## Männlich und Weiblich

Der Gedanke, dass Menschen männlich und weiblich sind, schränkt uns in unserer Freiheit ein. Der Gedanke, dass die Schwerkraft nur zur Erde hinzieht, begrenzt auch unsere Freiheit. Unsere Begrenzungen definieren und identifizieren uns ebenso, wie es unsere Freiheiten tun. Wenn es keine Begrenzungen gibt, gibt es auch keine Identität. Die Bibel sagt, dass Gott Sein Ebenbild als männlich und weiblich geschaffen hat, und dass dies das Standardprogramm ist. Biologische und genetische Wissenschaft bestätigt die genetische Polarität von Tieren. Die Bibel und die Wissenschaft stimmen überein. Das Geschlecht [Gender] ist etwas, was uns gegeben wird, nicht etwas, was wir wählen oder erfinden. Ausgedachte alternative Geschlechter sind soziale oder psychologische Konstrukte.

*Mittwoch*

## Deines Bruders Hüter

Nachdem Kain Abel getötet hatte, fragte Gott ihn: "Wo ist dein Bruder Abel?" Kain antwortete: "Ich weiß nicht; soll ich meines Bruders Hüter sein?" Mit diesem Vers wurde oft Druck auf Kinder ausgeübt, damit sie Verantwortung für ihre Geschwister übernehmen. Dahinter steckt der Gedanke, dass wir unseres Bruders Hüter sein sollen und auch sind. Aber Kain war zynisch. Er wusste, dass Gott der Hüter seines Bruders war und meinte damit: "Bin ich Gott für meinen Bruder?" Gott ist unser Hüter (Philipper 4,7). Es ist eine unrealistische Last, der Hüter meines Bruders zu sein. Es ist schon schwer genug, sein Bruder zu sein.

*Donnerstag*

## Unser grundlegendes Selbst

Viele Menschen kämpfen mit "Identität". Sind wir unsere Fähigkeiten, unsere Schönheit, unsere Behinderungen, unsere Arbeit und Karrieren, unser Reichtum und unser Besitz, unsere Alphanatur oder unsere Opferrolle? Nichts davon reicht letztendlich aus und ist stabil. Unsere wahre und grundlegende Identität liegt jenseits der Identität im Willen und der Liebe Gottes, vor Anbeginn der Zeit. Gott wünscht sich uns in Seinem Ebenbild in Beziehung mit Ihm und anderen. Statt "Ich denke, also bin ich" gilt "Ich bin geliebt, also bin ich." Bemühe dich nicht, dich selbst zu erfinden oder als etwas "zu identifizieren". Habe Frieden und lass Gott dich identifizieren.

*Freitag*

# Migration

1. Durch die Geburt treten wir ins Leben ein, und leben aufgrund der Sünde in einem Zustand des Todes.

2. Dann können wir durch den Glauben an Jesus Christus vom Tod zum Leben durchdringen.

3. Dann gleiten wir durch den natürlichen Tod vom Leben zum Tod.

4. Dann gehen wir vom Tod über ins Leben durch die Wiederkunft Jesu und die Wiederherstellung von Allem.

Jeder durchschreitet die Phasen 1 und 3. Die Phasen 2 und 4 sind Optionen, die Gott uns anbietet. Manche lehnen die Phasen 2 und 4 ab, was sehr traurig ist. Wo bist du in diesem Prozess? Achte darauf, keine dieser Phasen auszulassen.

# Woche 30

*Montag*

## Das Denken Christi

Das Denken, resp. der Verstand, ist ein geheimnisvoller Bestandteil des Selbst, der neben anderen Aktivitäten beim Menschen das Gehirn als Werkzeug verwendet, um die Wirklichkeit wahrzunehmen und zu verstehen. Wir nehmen die Wirklichkeit in Abschnitten oder linear und narrativ wahr, indem wir unsere Erfahrungen als Wirklichkeit projizieren, oder eine uns gegebene Wirklichkeit erleben und an ihr teilhaben. Das Denken Christi ist vollständig, umfassend, objektiv und subjektiv, zeitlich und ewig. Das Auge des Denkens Christi ist "einfältig" bzw. ganzheitlich, so dass unser ganzer Körper voll des Lichts ist. Bitte um die Denkweise Christi.

*Dienstag*

## Misstrauen

Vertrauen ist wertvoll, mächtig und zerbrechlich. Gottvertrauen ist fundamental für den christlichen Glauben und das Leben als Christ. Der Teufel greift das Vertrauen fortwährend an, um es zu zerstören. Er sagt: „Hat Gott das gesagt?", „Verwandle die Steine in Brot", „Wirf dich von diesem Gebäude, damit Gott sich als vertrauenswürdig erweisen muss." Das, wogegen man beten und streben sollte während der COVID Pandemie, ist das Aufkeimen von Misstrauen. Vertrauen ist die Grundlage von Gesellschaften und Wirtschaftssystemen. Ein Angriff gegen das Vertrauen stellt für uns alle eine ernstzunehmende Gefahr dar. Bemühe dich, in dem was du tust und sagst, vertrauenswürdig zu sein. Sei Teil der Lösung.

*Mittwoch*

## In den Wolken in der Luft

"Danach werden wir, die wir leben und übrigbleiben, zugleich mit ihnen entrückt werden auf den Wolken, dem Herrn entgegen in die Luft. Und so werden wir beim Herrn sein allezeit." Die "Wolken" bestehen nicht aus Wasserdampf. Sie sind die Herrlichkeit Gottes und Sein Königreich, die mit Jesus auf die Erde kommen, wenn Er erscheint. Sie sind die Antwort auf das Gebet: "Dein Reich komme, Dein Wille geschehe, wie im Himmel, so auch auf Erden." "So" bedeutet in der Wolke der Gegenwart und Herrlichkeit Gottes, für immer auf der Erde.

*Donnerstag*

## Nichts ist sicher

Die höchste Priorität der Frau war Sicherheit und Geborgenheit. Sie dachte, ihre Arbeitsstelle wäre sicher, sah aber, wie die Menschen um sie herum ihre Arbeit verloren. Sie dachte, ihre Bank wäre sicher, las aber von Skandalen und Pleiten. Sie dachte, ihre Kirche wäre sicher, aber die Leute dort stritten, lästerten und wetteiferten. Sie dachte, ihre Gesundheits- und Lebensversicherungen wären sicher, aber es gab Schwierigkeiten. Ihr ging es furchtbar, weil man nichts und niemand mehr vertrauen konnte. Da erinnerte sie sich, dass Jesus seine Vertrauenswürdigkeit bewiesen hatte, indem Er für sie gestorben war und ihr versprochen hatte, alle Tage bei ihr zu sein. Auf dieser Grundlage stehend konnte sie allem anderen getrost entgegensehen.

*Freitag*

## Gleichnis eines Opfers

Es war einmal ein Mann, der hatte verschiedene Probleme im persönlichen und geschäftlichen Leben. Ihm wurde beigebracht, dass er ein Opfer sei und er Rechte und Ansprüche habe. Er fragte sich, warum Gott ihm nicht das gab, was er verdiente. Die Vorstellung er könnte an irgendetwas schuldig sein, schien wie eine unerträgliche Last der Schuld. Dann erkannte er, dass er es sich leisten konnte, schuldig zu sein, weil Jesus bereits für alles bezahlt hatte. Er konnte sich seiner Verantwortung für sein Leben frei und realistisch stellen, wohlwissend, dass das Gewicht jeglicher Schuld von ihm genommen werden konnte. Die Heilung nahm ihren Anfang.

# Woche 31

*Montag*

## Menschen sind gut

Wir brauchen das Gute in unserem Leben und unserer Welt. Das veranlasst Menschen, andere Menschen und sich selbst für gut zu erklären. Das ist eine gefährliche Einbildung, wie wenn man behaupten würde, dass Giftschlangen ungefährlich sind. Wenn die Menschen gut sind, dann brauchen sie Jesus nicht, was eine furchtbare, tödliche Lüge ist. Wir brauchen vollkommene und absolute Güte. Traurigerweise sind Menschen nicht gut genug, glücklicherweise ist es aber Gott. Nur Gott ist gut und das Maß aller Güte, nicht unser Geschmack, unser Spaß oder unsere Bequemlichkeit. Weil Gott gut und allmächtig ist, kann Er uns gut machen, wenn wir es Ihm erlauben.

*Dienstag*

## A.C.T.S.

Acts [Apostelgeschichte] ist das fünfte Buch im Neuen Testament. Es ist auch eine hilfreiche Gebetsanleitung.

A. – Adoration [Anbetung]. Wie bei vielen Gebeten in der Bibel ist es gut, mit Lobpreis oder Anbetung Gottes zu beginnen.

C. – Confession [Bekenntnis]. Es ist gut, Gott unsere Sünden zu bekennen und damit unsere Rechtfertigung zu erneuern und uns für eine bessere Kommunikation mit Ihm zu reinigen.

T. – Thanksgiving [Danksagung]. Es gibt vieles, für das wir dankbar sein können. Es ist gut und gesund, uns an Gottes Güte und Freundlichkeit zu erinnern und dankbar zu sein.

S. – Supplication (Fürbitte). Schließlich können wir um alles bitten, was Gottes Willen entspricht.

*Mittwoch*

## Persönliche Güte

Heutzutage lehren die Humanisten, dass wir unsere natürliche Güte wertschätzen und uns selbst respektieren sollen. Der Apostel Paulus lehrt uns, dass unsere Güte oder Gerechtigkeit wie dreckige Lumpen sind. Wahre Güte können wir von Jesus Christus bekommen. In Ihm können wir wahrhaft gut sein und eine realistische Hoffnung und Freude und Dankbarkeit erlangen. Güte und Leben stammen nicht aus der natürlichen, geschaffenen Welt oder aus unserem natürlichen Selbst, sondern vom Schöpfer. Wenn wir demütig sind und arm im Geiste, können wir von Jesus alles empfangen, was wir für Güte und Leben brauchen. Vertraue auf Ihn und sei froh.

*Donnerstag*

## Lass dein Auge einfältig sein

In Matthäus 6,19-24 gibt uns Jesus zwei Beispiele einer gespaltenen Wirklichkeit: Schätze auf Erden oder im Himmel zu sammeln, und zwei Herren dienen, Gott oder dem Geld. Zwischen diesen beiden Beispielen befindet sich die Lösung für das Problem. Wenn dein Auge einfältig ist, wenn du die Wirklichkeit als ein Ganzes siehst, von der Kraft des Wortes Jesu zusammengehalten, anstatt gespalten, dann wirst du voll des Lichts sein. Wenn dein Auge böse ist, wirst du die Wirklichkeit als gespalten und im Konflikt mit sich selbst sehen. Möge Gott uns helfen, eine in Seiner Wahrheit und Liebe vereinte Wirklichkeit zu sehen. Amen.

*Freitag*

## Gebet und Fahrradfahren

Es war einmal ein Teenager, der las viele Bücher und Webseiten über das Fahrradfahren. Er dachte, dass er alles darüber wisse. Eines Tages bestieg er das Fahrrad eines Freundes, um damit zu fahren, und stürzte. Er erkannte, dass wahre Erkenntnis das Tun beinhaltet. Später las er viele Bücher und Webseiten über Gebet und Nächstenliebe und dachte, er wüsste nun viel darüber. Er begann ein Blog über Gebet zu schreiben, und viele Menschen beteiligten sich an der Diskussion. Er begann sich einsam und isoliert zu fühlen und erkannte, dass er tatsächlich beten und Nächstenliebe an der Person üben musste.

# Woche 32

*Montag*

## Vorherbestimmung

Gott trifft in der Ewigkeit Entscheidungen, welche die gesamte Zeit beeinflussen. Er sieht und erkennt die Zeit vom Anfang bis zum Ende, weil Er sie geschaffen hat. Er kannte jeden Einzelnen von uns, sogar bevor wir geboren wurden. Sein Vorwissen und die Vorherbestimmung arbeiten zusammen. Wir treffen in der Zeit Entscheidungen und sind stets eingeladen, Gott zu wählen. Aus der Perspektive der Zeit können wir stets in Hoffnung leben. Wir wissen, dass Gott uns erwählt oder vorherbestimmt hat, wenn wir Ihn wählen, was wir ohne Seine Hilfe und persönliche Berufung nicht tun könnten. Wenn wir Ihn wählen, wird Er uns annehmen. Wähle Gott.

*Dienstag*

# Gerechtigkeit und Gnade

Gerechtigkeit bedeutet an sich, etwas zu haben, was fair oder gleich ist. Die Menschen meinen damit, dass man das bekommt, was man verdient. Das ist eigentlich nicht so positiv, denn wenn wir Sünder sind, verdienen wir den Tod. Menschen interessieren sich für ihre Rechte. Wenn wir Sünder sind, was sind dann unsere Rechte? Unser einziges Recht ist zu sterben, denn der Lohn der Sünde ist der Tod. Wunderbarerweise bietet Gott uns nicht Gerechtigkeit oder unsere Rechte an, sondern Gnade und Leben. Jeder, der meint, er verdiene die Errettung, wird sie wahrscheinlich nicht erlangen. Sei arm im Geiste und vertraue auf Gott.

*Mittwoch*

**Fokus**

Viele Dinge, Menschen oder Umstände laden uns ein (versuchen uns), dass wir uns auf sie konzentrieren. Manche dringende Dinge füllen den ganzen Bildschirm unserer Wahrnehmung aus und verdrängen fast alles andere. Wenn unsere Aufmerksamkeit auf ein bestimmtes Bedürfnis, eine bestimmte Angst oder Hoffnung konzentriert ist, dann verliert unsere Sicht immer den Fokus und wird verzerrt. Wenn unsere Aufmerksamkeit auf Jesus zentriert ist, werden auch alle einzelnen Dinge wieder klar fokussiert. Jesus gibt allem in unserem Leben klare Bedeutung und Sinn. Wenn wir auf Sein Wort fokussieren als ein Licht am Ende des Tunnels, dann wissen wir, wo wir sind, und wohin wir gehen.

*Donnerstag*

## Theologie

Theologie ist die Lehre von Gott. Wir brauchen Theologen, die Gottes Wort studieren, interpretieren und anwenden, damit wir wissen können, wie wir in Gottes Königreich leben sollen. Die Theologie wird manchmal zum Studium über andere Theologen. Sie kann die akademische Verbindung zum normalen Leben verlieren. Gott ist Liebe. Wenn das Studium der Theologie nicht zu einer größeren Liebe zu Gott und den Menschen führt, hat sie ihren Zweck verfehlt. Das Ziel und der Kern des theologischen Studiums muss immer die Liebe zu Gott und unserem Nächsten sein.

*Freitag*

## Vertrauen

Nur Gott ist vollkommen vertrauenswürdig in Seinem Charakter und Seinen Verheißungen. Unsere Vorstellungskraft ist nicht vertrauenswürdig. Wir werden im Großen und Kleinen durch alles und jeden enttäuscht, was uns verletzt und behindert. Zahlreiche psychische Krankheiten lassen sich auf die Unfähigkeit zu vertrauen zurückführen. Vertrauenswürdig zu sein ist ein Weg, Salz und Licht in der Welt zu sein. Vertrauen ist fragil und leicht zu zerstören. Vertrauen in Gott ist heilend. Wenn wir uns beständig vertrauenswürdig zeigen in dem, was wir sagen und tun, vergrößern wir das soziale Kapital unserer Kultur. Vertrauen ist Teil des Königreichs Gottes. Bete und strebe danach.

# Woche 33

*Montag*

# Der geringste Glaube

Menschen werden aus den unterschiedlichsten Gründen, Emotionen oder Umständen zu Christen. Ein Grund für den Glauben an das Christentum ist, dass es weniger Glauben dafür braucht, als für irgendetwas anderes. Glaube ist notwendig, aber Glaube wie ein Senfkorn, nicht Glaube wie eine Kokosnuss. Unser Glaube kann klein sein, und dennoch leben und wachsen und Frucht bringen, weil das Christentum auf mehr Fragen eine klare Antwort hat, als jedes andere Glaubenssystem. Es braucht mehr Glauben anzunehmen, dass Menschen gut sind, oder um an Evolution, Kommunismus, Rationalismus, Materialismus oder Astrologie zu glauben. Wähle den vernünftigen Glauben. Wähle das Christentum.

*Dienstag*

## Lesen und Zuhören

Es ist sehr schwierig, klar zu lesen und zuzuhören, weil unsere eigenen Erwartungen und Annahmen unsere Wahrnehmung trüben. Wenn Menschen reden und wir eigentlich nur uns selbst hören, sind Gespräche unmöglich und wir letztendlich einsam und entfremdet. Wenn wir Dinge in einen Text hineinlesen, anstatt herauszulesen, reden wir letztendlich nur noch mit uns selbst. Liebe ist nicht auf sich selbst zentriert, sondern auf den anderen. Wenn wir unsere eigenen Pläne opfern und uns auf den anderen konzentrieren, wird unser Verständnis wachsen und wir werden beide gesegnet. Wir müssen nicht mit allem übereinstimmen, was wir hören oder lesen, aber wir müssen von uns selbst wegsehen.

*Mittwoch*

# Vergebung

Vergebung bedeutet, "für etwas zu geben", für die Schuld eines anderen zu bezahlen. Wenn uns jemand verletzt oder über uns lästert, können sie diese Schuld unmöglich bezahlen. Die einzige Möglichkeit liegt darin, dass wir für sie bezahlen, indem wir von der Bank von Jesus abheben, der alles für jeden bezahlt hat. Man sagt, dass Vergebung therapeutisch ist, da sie negative Bindungen abtrennt. Das ist jedoch nicht die Vergebung im christlichen Sinne. Wir brauchen Jesus nicht um uns zu vergeben, damit wir von uns abgetrennt werden. Vergebung bewirkt Heilung und Wiederherstellung von Beziehungen. Wahre Vergebung ist ohne einen Glauben an Gott, der die Vergebung möglich macht, unmöglich.

*Donnerstag*

## In Gebet investieren

Normalerweise beinhaltet jede Investition, sei es in Firmen oder persönliche Beziehungen, auch Risiken. Beim Gebet besteht das Risiko, dass wir nicht bekommen was wir wollen, oder verwirrt werden. Aber es besteht nicht die Gefahr, dass Gott uns nicht segnet und unser Leben nicht wirklicher macht, wenn wir beten. Gebet ist ein Schatz. Da wo unser Schatz ist, wird auch unser Herz sein. Wenn wir in andere Menschen investieren, indem wir für sie beten, wird sich unsere Herzenshaltung ihnen gegenüber verändern, weil wir in sie investiert haben. Versuche, für die Menschen zu beten, die schwierig sind oder dich nerven, und siehe, was passiert.

*Freitag*

## Not

Es war einmal ein Mann, der war ein Christ und wusste viel über das Christentum. In seinem Leben gab es gute und schlechte Zeiten, und er brachte sie stets zu Gott im Gebet. Eines Tages wurde er von einer schweren Depression heimgesucht, die in niederdrückte und ihn hoffnungslos und zynisch werden ließ. In seiner verzweifelten und verwirrten Not schrie er zu Gott. Schrittweise erlebte er, dass seine Not die Armut im Geiste war. Je mehr er seine Armut im Geiste erkannte, desto stärker war das Königreich Gottes in seinem Leben. Gott kann alles verwenden, um Seine Kinder zu segnen.

# Woche 34

*Montag*

## Das absolut Böse

Menschen sprechen oft vom "absolut Bösen". Eigentlich ist das Böse niemals absolut. Das Gute ist absolut. Gott ist gut und ewig. Das Böse entstand durch Gottes Geschöpfe und existiert lediglich als Gegensatz zum Guten. Das Gute existiert unabhängig vom Bösen, aber das Böse ist abhängig vom Guten. Das Böse ist ein verzerrter Nebensatz im ewigen Hauptsatz des Guten. Das Gute ist ursprünglich und absolut, während das Böse abgeleitet und relativ ist. Das Böse ist mit der Zeit zerstörerisch. Wenn wir auf Gott vertrauen, werden wir in der Ewigkeit vom Bösen erlöst. Das Gute besiegt das Böse und verschlingt es im Sieg, so dass es nicht mehr sein wird.

*Dienstag*

## Prüft alles

Im 1. Brief an die Thessalonicher lehrt uns Paulus, alles zu prüfen, damit wir nicht das Feuer des Geistes löschen und Prophezeiungen verachten. Wenn wir immerzu „Ja" sagen zu allem, das vorgibt, eine Prophezeiung zu sein, zu jedem Gefühl, zu jeder Erfahrung, die wir machen, dann verlieren wir Gottes Wahrheit aus dem Blick. Das Ergebnis des Prüfens sollte zuerst sein, alles festzuhalten, was gut ist, damit wir erkennen können, was böse ist. Wenn wir prüfen, um das Böse zu erkennen, wird uns das nicht dabei helfen, das Gute zu erkennen. Der Zweck des Prüfens ist, in Liebe zu wachsen.

*Mittwoch*

## Die Problematik des Guten

Wenn Gott allmächtig und allgütig ist, warum gibt es dann das Böse in der Welt? Wenn es die Güte Gottes nicht gäbe, wüssten wir gar nicht, was das Böse ist. Alles wäre einfach nur normal und natürlich, wie Vulkane, schöne Sonnenuntergänge und Giftschlangen. Eine hilfreichere Frage wäre: Wenn alles im Abkühlen befindlich ist und sich zum Chaos hin entwickelt, warum gibt es das Gute? Natur ist nicht gut oder böse, sie ist einfach das, was sie ist. Gut und Böse sind übernatürliche Energien, die in die Natur hineinwirken. Das Gute ist ursprünglich und hat seinen Anfang in Gott. Das Böse ist eine Verzerrung, die von Gott korrigiert wird.

*Donnerstag*

## Feigenblätter

Als Adam und Eva beschlossen, Gut und Böse selbst zu erkennen, anstatt sich auf Gott und seine Erkenntnis zu verlassen, erkannten sie, dass sie nackt und verletzlich sind. Anstatt sich für eine Lösung an den Schöpfer zu wenden, griffen sie in die Schöpfung und nahmen Feigenblätter, um sich zu verbergen und zu schützen. Das ist wie ein Heftpflaster auf ein Krebsgeschwür zu kleben. Seitdem haben die Menschen immer wieder das Gleiche getan. Was sind deine Feigenblätter? Denke und bete darüber, sie aufzugeben und dich an deinen Schöpfer zu wenden, der dich in Christus verbergen und dich vor der Entfremdung und dem Tod beschützen kann.

*Freitag*

## Namensgebung

Innerhalb des Schöpfungsprozesses schuf Gott Unterteilungen bzw. Kategorien, und benannte sie: Tag/Nacht, Erde/Meer, Sonne/Mond. Als Er dann den Menschen, der in Seinem Ebenbild geschaffen war, von der übrigen Schöpfung trennte, befahl er ihnen, diesen Prozess der Namensgebung fortzuführen und mit den Tieren zu beginnen. Einen Namen zu geben begründet Herrschaft und Eigentum. Menschen geben Tieren und Pflanzen Namen, Tiere und Pflanzen geben Menschen keine Namen. Gott ist Seinem eigenen Namen und den Namen, die Er gibt, treu. Das Böse verzerrt und verwirrt die Namen. Wir dürfen uns nicht selbst einen Namen geben, sondern müssen den Namen annehmen, den Gott uns gibt. Wir müssen den Namen, die wir geben, treu sein.

# Woche 35

*Montag*

## Intensive Erfahrungen

Viele von uns haben intensive Erfahrungen bei einer Landschaft, mit einem Tier oder einer übernatürlichen Präsenz. Diese Erfahrungen sind oft sehr emotional. Wenn die Erfahrungen und Emotionen uns Liebe für andere Menschen und die Welt geben und uns zum Dienst motivieren, sind sie vermutlich von Gott. Dann sollten wir auf sie reagieren und sie als inspirierende Erinnerungen bewahren. Wenn die Erfahrungen sich hauptsächlich um uns selbst drehen, sind sie immer noch sehr ansprechend und intensiv, entspringen aber vielleicht unserem Stoffwechsel oder unseren Erinnerungen, oder sind psychosomatisch bedingt. Sie könnten auch eine Versuchung sein, damit wir uns um uns selbst drehen. Wir sollten wachsam bleiben und alles prüfen.

*Dienstag*

## **Stolz**

Warum spricht die Bibel so negativ über Stolz? Es ist gut und gesund, mit seinen Fähigkeiten und Leistungen zufrieden zu sein und ermutigt zu werden. Stolz kann oberflächlich sein, so wie Stolz auf meine Augenfarbe oder Hauttextur, was beides keine Fähigkeit oder Leistung ist. Stolz kann eitel sein, was gleichbedeutend ist mit leer oder wertlos. Es ist natürlich, stolz zu sein, aber geistlich, dankbar zu sein. Stolz sein auf andere kann gut sein, aber jemand, der „stolz ist" ist selbstzentriert, eigenständig und implodierend. Der Teufel ist stolz und tot, und das will er für uns auch. Jesus ist demütig und kraftvoll lebendig.

*Mittwoch*

## Dankbarkeit

Echte Dankbarkeit erfordert Demut und Armut im Geiste. Dankbarkeit gegenüber Gott ist unendlich, denn wenn wir dankbar sind für unsere Dankbarkeit, beginnt eine Aufwärtsspirale. Dankbarkeit ist immer angebracht gegenüber Gott, und oft gegenüber anderen. Wenn wir uns erinnern, wofür wir dankbar sein können, setzt das die anderen Dinge in die rechte Perspektive mit Gottes Gnade. Über die schlechten Dinge müssen wir nachdenken, um Widerstand zu leisten und zu vergeben. Dankbarkeit erfrischt uns, gibt Kraft und ist therapeutisch. Eine kleine Investition in Dankbarkeit erbringt eine große Dividende des Segens. Mache Dankbarkeit zu einer freudvollen Gewohnheit in deinem Leben, besonders in schweren Zeiten.

*Donnerstag*

## Wahrheit und Gnade

Manche Menschen unterliegen der Versuchung, Beziehungen dadurch zu verbessern, indem sie die ganze Wahrheit erzählen. Vollkommen offen zu sein und nichts zurückzuhalten mag sich reinigend anfühlen. Aber Gottes Wahrheit besteht nicht nur aus Fakten. Wahrheit führt nur dann zum Leben, wenn sie mit Liebe und Gnade zusammenwirkt. Wenn deine Art, dich zu schnäuzen, wirklich anekelt, dann entscheide ich mich vielleicht aus Gnade, es dir nicht zu sagen. Wahrheit und Gnade arbeiten auf geheimnisvolle Art und Weise zusammen. Wir brauchen Gottes Gnade, um die beste, nichtperfekte Entscheidung zu treffen. Gott hilf uns, langsam im Sprechen und schnell im Beten zu sein. Amen.

*Freitag*

## Wahrheit und Gnade

Wenn sie mit ungläubigen Freunden oder Verwandten reden, treffen Christen oft Aussagen und erzählen von Erfahrungen. Während diese wahr sein können, können sie jedoch leicht abgelehnt werden. Eine Frage abzulehnen ist hingegen schwieriger. Fragen unterlaufen das Radar und geben dem Heiligen Geist einen Zugang, um im Denken und im Herzen eines Menschen zu wirken. Stelle Fragen über Sinn, Bedeutung, Identität als Gabe, und gib dem Nachdenken Raum. Wenn Menschen dann Rückfragen stellen, predige Christus, denn sie sind hungrig. Fragen regen den Appetit an. Bitte um effektive Fragen. Liebe deine Nächsten.

# Woche 36

*Montag*

# Wahrheit und Gnade

Gott liebt die Erde und hat uns aus ihr erschaffen. Der auferstandene Leib Jesu konnte angefasst werden, er aß und arbeitete. Durch die Luft kommt der Wind des Geistes, der uns zu Jesus führt, uns lehrt und uns heilige Früchte gibt. Der Atem Gottes gibt uns Leben. Feuer reinigt, offenbart oder zerstört. Feuer zeigt uns die Nadel im Heuhaufen unserer Sünden. Wasser verwüstete einst die Erde und reinigt und erfrischt uns heute. Unser Gott herrscht über Erde, Luft, Feuer und Wasser, und verwendet sie zur Vollendung Seines Willens.

*Dienstag*

## Rasse

Rasse scheint in Gottes Königreich keine Rolle zu spielen. Gott liebt jeden. Jeder braucht Gott. Gott scheint farbenblind zu sein. Gott ist der große Nivellierer: Die Reichen sind arm, die Armen sind reich. Farbe, Familiengeschichte, Bildung, religiöser Hintergrund, politische Einstellung, Berechtigungen oder Privilegien scheinen keinen großen Unterschied zu machen. Wir werden nicht durch unseren Hintergrund gerettet oder verdammt, sondern durch unseren Vordergrund. Für Jesus sind wir alle gleich. Etwas anderes zu denken führt zu Problemen. Heilung kann schmerzhaft und furchteinflößend zu sein. Lasst uns dem Heiligen Geist erlauben, dieses Verständnis in unseren Herzen und unserem Denken zu festigen.

*Mittwoch*

# Relevant

Ist die Bibel für unsere Kultur und Gesellschaft relevant? Diese Frage geht davon aus, dass Kultur und Gesellschaft der Maßstab für Wahrheit und Wirklichkeit sind und fragt danach, ob die Bibel da hineingefügt werden kann. Das Christentum ist radikal und setzt voraus, dass die Bibel Wahrheit und Wirklichkeit beschreibt. Die Werte der Bibel sind absolut und ewig, während alternative Werte jeder anderen menschlichen Kultur relativ und temporär sind. Wenn die Bibel wahr ist, sollten wir unsere Gesellschaft an ihr messen, nicht umgekehrt. Sind deine persönlichen und sozialen Kulturen relevant für das Königreich Gottes? Denke darüber nach.

*Donnerstag*

## Religion oder Götzendienst

Im Laufe der Zeit haben Christen unterschiedliche Wege entwickelt, auf Gottes Erlösung zu antworten. Das zeigt sich in Architektur, Liturgien, Riten, Zeremonien, Traditionen, Gemälden, Skulpturen, Fenstern, spezieller Kleidung, Glaubensbekenntnissen, Katechismen, Musik und anderen Dingen. Gott ist Liebe. Das Evangelium von Jesus Christus ist Liebe. Wir müssen uns Gedanken machen und darüber beten, wie all unsere religiösen Praktiken uns darin leiten und unterstützen, wie wir einander lieben können. Wenn sie das tun, sind sie für uns ein Segen. Wenn sie das nicht tun, können sie ablenkender Götzendienst oder Flucht sein. Gib Religion nicht auf, sondern stelle sicher, dass sie für dich tatsächlich ein Segen ist.

*Freitag*

## Muttertag

Das sollte eine Lebenseinstellung sein, kein Ereignis. Eines der Zehn Gebote besagt: „Du sollst Vater und Mutter ehren". Dabei geht es nicht um Gehorsam, wie manche denken. Einer senilen oder dementen Person zu gehorchen, hilft niemandem. Zu ehren bedeutet, das Leben zu respektieren, zu unterstützen, zu schützen und zu bewahren. Deshalb ist dieses Gebot mit der Verheißung verknüpft: „damit du lang lebest". Wenn deine Kinder sehen, wie du das Leben deiner Eltern ehrst, werden sie auch dein Leben ehren. Unter Eltern kann man auch andere ältere Menschen verstehen, was das soziale Kapital und den Segen einer Nation immens vergrößert.

# Woche 37

*Montag*

# Religion

Religion ist entweder ein System von Aktivitäten mit dem Ziel, eine Person mit der absoluten Wahrheit in Verbindung zu bringen, oder eine gläubige Hingabe an einige Grundprinzipien (wie beim Kommunismus). Es beinhaltet normalerweise das Übernatürliche. Die Grundlage des Christentums ist Gott, der sich selbst mit uns verbindet durch Sein Wort in der Schöpfung, der Fleischwerdung Jesu Christi, der Bibel und den Handlungen des Heiligen Geistes. Das Christentum beginnt bei Gott, der zu uns kommt, nicht mit uns, die wir versuchen, Gott zu erreichen. Somit unterscheidet es sich von Religion. Es beginnt alles mit Gottes Liebe. Es beginnt nicht mit unseren Anstrengungen oder einem System. Lass dich von Gott finden.

*Dienstag*

# Himmelfahrt

Am Himmelfahrtstag erinnern wir uns daran, dass Jesus aufgefahren ist und eine Wolke ihn verbarg. Diese Wolke bestand nicht aus Wassertröpfchen, sondern aus der Schechina-Herrlichkeit Gottes. Jesus betrat Dimensionen der Wirklichkeit, die für uns nicht sichtbar sind, aber er ging dafür nicht weit weg. Er sagte damals zwei Dinge, die zusammenpassen: „Ich gehe von euch" und „Ich bin bei euch alle Tage". Im Himmel sind die übernatürlichen Dimensionen der Wirklichkeit, die sich am gleichen Ort befinden wie die natürlichen Dimensionen, wie z.B. Höhe am selben Ort ist wie Länge und Breite. Jesus ist aufgefahren und direkt hier bei uns. Möge Gott uns durch die Gegenwart Jesu trösten und herausfordern. Amen.

*Mittwoch*

# Offenbarung

Einige der Ereignisse, die im Buch der Offenbarung geschildert werden, finden auf der Erde statt, andere im Himmel (der übernatürlichen Dimension der Wirklichkeit). Die irdischen spielen sich in der Zeit ab, die himmlischen in der Ewigkeit. „Ein Tag ist wie tausend Jahre, und tausend Jahre sind wie ein Tag" beschreibt die Beziehung zwischen Zeit und Ewigkeit. Erwarten wir tatsächlich, dass die Ereignisse im Himmel mit einem Kalender gemessen werden? Das wäre vermutlich falsch. Die Ereignisse sind wahr und wirklich, auch wenn wir sie nicht vollständig begreifen oder messen können. Wir leben durch Glauben, nicht durch Schauen.

*Donnerstag*

## Der Refrain des Predigers

Ist's nun nicht besser für den Menschen, dass er esse und trinke und seine Seele guter Dinge sei bei seinem Mühen? 2,24.

So habe ich nun das gesehen, dass es gut und fein sei, wenn man isst und trinkt und guten Mutes ist bei allem Mühen, das einer sich macht unter der Sonne in der kurzen Zeit seines Lebens, die ihm Gott gibt; denn das ist sein Teil. 5,17.

Darum pries ich die Freude, dass der Mensch nichts Besseres hat unter der Sonne, als zu essen und zu trinken und fröhlich zu sein. 8,15.

So geh hin und iss dein Brot mit Freuden, trink deinen Wein mit gutem Mut. 9,7.

*Freitag*

# Gerechtigkeit

Ein „rechter Winkel" (90 Grad) ist recht, weil er in das Fenster oder den Türrahmen passt. „Gerecht" zu werden bedeutet, so umgeformt zu werden, dass man in Gottes Königreich hineinpasst und mehr zu Seinem Ebenbild wird. Wir sollten in Gehorsam danach streben, besser hineinzupassen. Dies ist der kleinere Anteil im Prozess des Gerechtwerdens. Der größere Anteil besteht darin, dass Gott uns ein neues Herz und einen rechten Geist gibt, uns durch das Blut Jesu von den Verzerrungen der Sünde reinigt, und uns durch Seinen Heiligen Geist leitet und ermutigt. Vertraue auf Gottes Anteil, so dass du deinen Anteil besser erfüllen kannst.

# Woche 38

*Montag*

## Risko und Vertrauen

Der Reichtum der Nationen und alle guten Beziehungen sind auf Vertrauen aufgebaut. Vertrauen geht gewöhnlich mit Risiken einher: Die Börse könnte einbrechen, die Firma könnte sich verkleinern, der Ehepartner sterben, die Freunde sich verändern, die Kirchengemeinde sich spalten. Es ist gut, die Risiken zu analysieren und hinsichtlich unserer Hoffnungen und Erwartungen realistisch zu bleiben. Wir können Vertrauen und Risiko wagen, wenn unser Leben in dem Versprechen Gottes gegründet und gehalten wird, dass Er uns errettet und bewahrt. Hier gibt es kein Risiko. Gott wird nicht sterben oder versagen oder sich ändern. Lebe mit dem Fokus auf dieser einzigen risikofreien Beziehung.

*Dienstag*

## Wunder

Ein Wunder ist ein besonderes Ereignis, bei dem das Übernatürliche in die natürliche Welt eingreift. Wunder können rational verstanden werden, wenn wir das Übernatürliche in unsere Weltanschauung miteinschließen. Sie können naturwissenschaftlich nicht erklärt werden. Wunder sind nicht natürlich. Wir können sie uns als einen räumlich begrenzten Ort der negativen Entropie vorstellen. Manche Wunder sind andauernd, so wie das Wirken des Heiligen Geistes in deinem Leben, oder Gottes Bewahrung durch alle möglichen Erfahrungen und Umstände hindurch. Manche Wunder sind spezifisch, so wie Heilungen oder wenn ein Grenzsoldat für einen Moment mit Blindheit geschlagen wird. Als Christ lebt man immer mit allgemeinen und spezifischen Wundern. Sei voller Dankbarkeit wachsam..

*Mittwoch*

**Traditionen**

Traditionen sind sehr wichtig, um sich an Gottes Erlösungsgeschichte zu erinnern, und um sich selbst im Fluss der Geschichte zu erkennen, der größer ist als unser Moment. Künstlerische und kulturelle Ausdrucksweisen entwickeln sich in Traditionen. Wenn Traditionen den ersten Platz in unserem Herzen einnehmen, können sie die Liebe zu Gott und dem Nächsten ersetzen und zu Götzen werden. Der Heilige Geist kann uns dabei helfen, unsere Traditionen zu lieben und von ihnen zu profitieren, ohne sie anzubeten und andere zu verachten. Traditionen sollen Christus und Seiner Liebe für die ganze Welt dienen. Christus ist nicht auf unsere Traditionen begrenzt. Lasst uns demütig sein, damit unsere Herzen und unser Denken in Christus Jesus, unserem Herrn bewahrt werden können.

*Donnerstag*

# Den Zehnten geben

90 % ist mehr als 100 %. In der weltlichen Ökonomie ergibt diese Gleichung keinen Sinn. In der Ökonomie des Königreichs Gottes ergibt sie vollkommen Sinn. Unser Wohlstand besteht nicht nur aus Geld, sondern aus Zeit, Fertigkeit, Expertise, Gastfreundschaft und Weisheit. Wir lieben und dienen Gott, in dem wir andere Menschen lieben und ihnen dienen. Wir können mit unserem Zehnten kreativ sein, indem wir ihn nicht vollständig an eine Organisation zur Weiterverteilung geben. Den Zehnten zu geben macht uns vorsichtiger mit und dankbarer für unsere Ressourcen. Der Zehnte schafft Freundschaften, baut Gemeinschaften und investiert in soziales Kapital. Probiere es aus und warte ab, was Gott tun wird.

*Freitag*

## Selbstreferenzialität

Selbstreferenzialität wird oft als ein positiver Wert angesehen, besonders in der Kunst. Eigentlich ist Selbstreferenzialität ein anderes Wort für Sünde und Tod. Gott ist absolut und ewig andersreferenziell [d.h. auf den Anderen bezogen]. Die Referenz von Jesus ist nicht Er selbst, sondern der Vater und der Geist. Adam und Eva wurden andersreferenziell erschaffen. Ihre Bezugspunkte waren Gott und der jeweils andere. Sie wurden selbstreferenziell, indem sie Gut und Böse für sich selbst erkannten, unabhängig. Gott ist Liebe. Liebe ist andersreferenziell. Leben gibt es nur in Gott und in der Liebe. Erlaube dem Heiligen Geist, dich mehr und mehr andersreferenziell zu machen und immer mehr Leben von Gott zu empfangen.

# Woche 39

*Montag*

## Geistliche Aktivitäten

Der wiederauferstandene und verherrlichte Jesus Christus ist unser einziges Beispiel für ein wahrhaft geistliches Leben. Was tat er? Er aß und trank (Lukas 24,36-44; Apg 1,4). Er lehrte Geschichte (Lukas 24,13-27). Er arbeitete, war kreativ und übte Gastfreundschaft (Johannes 21,4-13). Essen, trinken, lehren, arbeiten, kreativ sein und Gastfreundschaft üben sind alles geistliche Aktivitäten für einen Christen. Natürliche Aktivitäten werden geistlich, indem sie durch Gebet, Dankbarkeit und Gottes Segen mit dem Übernatürlichen verknüpft werden. Der religiöse bzw. zeremonielle Teil unseres geistlichen Lebens gehört zu den anderen Teilen, die zu gleichen Teilen real und geistlich sind. Geistlich bedeutet vollkommen real und geheilt, nicht aufgeteilt.

*Dienstag*

## "Geistliche" Verbindungen

Viele Menschen fragen sich, ob unterschiedliche Ereignisse und Umstände einen „geistlichen" oder übernatürlichen Zusammenhang haben. Zwei Fragen können dabei helfen, dies zu durchdenken: Gibt es etwas, das du tust oder das dir widerfährt, an dem Gott kein Interesse hat? Gibt es etwas, das du tust oder das dir widerfährt, an dem der Teufel kein Interesse hat? Wir sind rund um die Uhr mit dem übernatürlichen Teil der Wirklichkeit verbunden. Gebet ist immer geboten. Wir brauchen nicht in vager Verwirrung oder Sorge verharren. Wir befinden uns immer in einem Kampf und sollten Gott in unsere Situation mit einbeziehen. Bete andauernd.

*Mittwoch*

**Dein Königreich komme,**
**Dein Wille geschehe**

Das Königreich Gottes ist nicht die Kirche oder ein anderer Ort. Jesus sagte, das Königreich naht, es ist nah, es ist hier, es ist unter uns und es ist in uns. Das Königreich Gottes ist der Wille Gottes. Wir brauchen Seinen Willen in unseren Herzen, unseren Beziehungen, unseren Gemeinschaften und in unserer Welt. Wir können wenig ändern an Kriegen, am Wetter und an Wahlen, aber wir können beten, dass Gottes Name geheiligt wird bzw. als heilig bekannt wird und dass Sein Königreich kommt, Sein Wille geschieht, jetzt auf Erden. Jesus hat uns gelehrt, so zu beten.

*Donnerstag*

## Siegreiches Leben

Manchmal sind wir enttäuscht und entmutigt, weil wir es nicht schaffen, bestimmte ungöttliche Gewohnheiten oder Einstellungen zu überwinden. Wir sind beunruhigt, weil wir nicht in Heiligkeit und Sieg wachsen. Die wahre Quelle unserer Erlösung liegt nicht in unseren Bemühungen, sondern in Gottes Gnade in Jesus Christus. Oft arbeitet Gott in einer Art und Weise in uns, die wir nicht erkennen. Prüfe dein Wachstum an den Früchten des Geistes. Wenn du Wachstum bemerkst bei Liebe, Freude, Friede, Geduld, Freundlichkeit, Güte, Treue, Sanftmut und Keuschheit, dann sei gewiss, dass Gott in dir arbeitet, und sei ermutigt, deinen Anteil zu leisten.

*Freitag*

# Prüfen und Versuchen

Prüfen (*dokimazo* auf Griechisch) sucht nach dem Guten. Versuchen (*peirazo* auf Griechisch) sucht nach dem Schlechten. Manchmal werden diese beiden Worte gleich übersetzt. Gott prüft uns stets, um zu beweisen und zu zeigen, dass unser Glaube stark ist, und dass wir als Seine Kinder gewachsen sind. Wir sollten einander prüfen, um herauszufinden, was gut ist. Wir sind jedoch versucht, einander zu versuchen, um herauszufinden, was schlecht ist, damit wir uns dann besser fühlen. Zeige den Menschen, wie gut sie sind und ermutige sie, mit Gottes Hilfe besser zu sein. Baue Menschen auf, mach sie nicht runter.

# Woche 40

*Montag*

## Die Wünsche unseres Herzens

„Habe deine Lust am HERRN; der wird dir geben, was dein Herz wünscht" Ps. 37,4. „Wenn ich nur dich habe, so frage ich nichts nach Himmel und Erde" Ps. 73,25. Das ist eine große Verheißung. Es gibt viele Diskussionen darüber, welche Wünsche unseres Herzens Gott uns erfüllen wird. Der Text macht es offensichtlich. Was wir uns wünschen ist das, was uns Freude bereitet, also verspricht uns Gott Sich selbst. Wenn wir wenig bekommen und Gott haben, sind wir reich. Wenn wir viel bekommen und Gott nicht haben, sind wir arm. Schätze Gott.

*Dienstag*

## Bete für deine Feinde

Wenn Menschen uns frustrieren, ablehnen, verraten, angreifen oder tratschen, werden wir verwundet und vielleicht entstehen Narben. Das kann unsere Fähigkeit zu vertrauen beschädigen und unsere Beziehungen zu anderen Menschen zerstören. In solchen Situationen ist Gebet ein wunderbares Werkzeug. Wenn wir für unsere Feinde beten, übernimmst du die höhere Position der Macht und der Autorität. Unsere Feinde sind verwundete und verletzte Menschen. Wir haben die Macht, Gottes heilenden Segen auf sie herabzurufen. Das verändert unsere Perspektive grundlegend. Gebet macht uns vom Opfer zu einem Akteur der Veränderung. Bete für deine Feinde. Segne, die dich fluchen. Probiere es aus.

*Mittwoch*

## Das Ende ist nah!

Viele Christen interessieren sich für die Endzeit und machen sich Sorgen darum. Die Menschen fragen: „Sind wir in der Endzeit?" Ja, das sind wir, seit Johannes die Offenbarung geschrieben hat. Er schrieb auch, dass die „letzte Stunde" angebrochen sei, und das vor 2000 Jahren. Das Ende der Welt ist nah! „Ende" bedeutet nicht „Beendigung", sondern Erfüllung oder Zielerreichung. Gott wird die Welt oder Erde zu der Erfüllung Seines Zieles bringen, für das Er sie erschaffen hat. Das Ende ist nah bedeutet eigentlich: Der Anfang ist nah – der Anfang der Erfüllung von Gottes Königreich auf Erden. Dein Reich komme!

*Donnerstag*

## Die Endzeit

Menschen fragen oft: " Denkst du, dass wir uns in der Endzeit befinden?" Im 1. Johannes 2,18 steht: "Kinder, es ist die letzte Stunde", also lautet die Antwort "Ja". Eine Stunde der Ewigkeit ist für unser Empfinden lang. In Apostelgeschichte 1,6-7 wollten die Jünger wissen, ob das Ende oder die Zeit der Wiederherstellung "jetzt" ist. Jesus: "Es gebührt euch nicht, zu wissen." Gott will nicht, dass wir wissen, wann das Ende kommt. Er will nicht, dass wir Berechnungen anstellen, Tabellen und Diagramme erstellen und uns darüber streiten. Er will, dass wir Ihm vertrauen, so leben, wie Er es will, und vorbereitet sind.

*Freitag*

## Das Gleichnis von
## der Mutter und dem Jungen

Es war einmal eine Frau, die hatte einen kleinen Jungen. Sie liebte den Jungen und wusste, dass er den heißen Ofen in der Küche anfassen würde. Sie bettelte und schimpfte mit ihm und flehte ihn an, den Herd nicht zu berühren. Als er dann eines Tages den Herd anfasste, war es nicht ihre Schuld. Sie litt mit ihm. Ihr Wissen, dass er den Herd anfassen würde, nahm ihm nichts von seiner Bedeutsamkeit und Verantwortung. Als es dem Jungen leidtat, dass er seiner Mutter nicht gehorcht hatte, küsste sie ihn und vergab ihm.

# Woche 41

*Montag*

## Demut und Sanftmut

Viele denken bei Sanftmut oder Demut an Schüchternheit, immer in der letzten Reihe zu sitzen, oder ein Fußabstreifer zu sein. Mose war der Leiter über mehr als eine Million Menschen und widerstand Pharao ins Gesicht, dennoch war er „der demütigste Mensch auf Erden". Als Mose zu Gott sagte, er sei nicht der Richtige um Israel anzuführen, war er stolz. Als er die Leitung annahm, war er demütig. Sanftmut ist Realismus über unsere schwache Unwürdigkeit und das Akzeptieren dessen, was Gott uns zu tun gibt. Sanftmut heißt Gott zu folgen, statt unseren eigenen Vorstellungen, Ängsten und Wünschen. Die Sanftmütigen werden das Land erben.

*Dienstag*

## Die Problematik des Bösen

Wenn Gott allgütig und allmächtig ist, warum gibt es dann das Böse? Diese Frage kann nicht beantwortet werden ohne die Annahme, dass der Mensch ein verantwortlicher Akteur des Wandels ist. Gott hat uns nicht so geschaffen, dass wir automatisch gut sind, sondern mit der Verantwortung, das Gute zu wählen. Häufig tun wir das nicht, und Böses geschieht. Die Geschichte ist linear und akkumulativ. Das Böse baut sich auf und betrifft Jedermann. Wir tragen keine Schuld an dem, was uns angetan wird, sondern nur daran, was wir erwählen und tun. Die Menschen neigen dazu zu denken, das Böse wären immer „die Anderen". Wenn Gott etwas tun würde, um alles Böse loszuwerden, was würde dann mit dir geschehen?

*Mittwoch*

## Unseren Nächsten lieben ist Gott lieben

Es waren einmal Menschen, die glaubten an Gott und wollten Ihn lieben. Also begannen sie die Bibel zu lesen und in die Kirche zu gehen und übten sich in religiösen Disziplinen. Sie eiferten und kämpften für Gottes Wahrheit und sprachen oft darüber und wiesen jeden zurecht, der etwas falsch verstanden hatte. Sie gaben sich alle Mühe, ein Vorbild in religiöser Aufrichtigkeit zu sein. Aber in ihrem Herzen gab es eine leere Stelle. Dann fingen sie an Gott zu lieben, indem sie ihre Nächsten liebten und ihnen dienten, und die leere Stelle wurde mit einer tiefen, ruhigen und kraftgebenden Freude erfüllt.

*Donnerstag*

## Zorn und Paranoia

Viele von uns sind geplagt durch Anfälle von zornigen und paranoiden Gedanken und Gefühlen, die nur teilweise rational sind. Diese können unser Denken mit einer dunklen oder feurigen Wolke erfüllen, die unser Leben armselig und einsam macht. Diese Gedanken sind niemals liebevoll oder produktiv. Obwohl es sehr verlockend ist, diesen Gedanken nachzugeben und ihnen zu folgen, wäre das falsch. Es ist uns verboten, uns darüber Sorgen zu machen. Mit diesem Kampf könnten wir uns vollkommen erschöpfen. Warum nicht einfach stattdessen etwas tun? Bringe diese Gedanken zu Jesus und lass Ihn etwas damit tun. Er wird schützen, heilen, vergeben, trösten und dich annehmen. Probiere es aus. Gott segne dich.

*Freitag*

## Der Geist weht und schwebt

„Geist" bedeutet „Wind" auf Hebräisch und Griechisch in der Bibel. Der Wind ist eine Person mit einem Willen und einem Ziel. Der Wind schwebt wie eine Taube über den Wassern der Schöpfung, der Flut und der Taufe Jesu – drei Neuanfänge. Der Wind bläst und atmet Wahrheit, Weisheit, Zurechtweisung, Führung, Trost und den Namen von Jesus in uns hinein. Er ist der Geist Jesu Christi, der Ihn verkündet und Ihn bezeugt als unseren Erlöser und Führer im Leben. Der Geist dringt in uns ein, pflanzt Samen und trägt Frucht. Wir sollten Ihn mehr wertschätzen und lieben.

# Woche 42

*Montag*

## Prüfe die Botschaft, nicht den Überbringer

Der Apostel Pauls war nicht gutaussehend und sorgte nicht dafür, dass sich alle ständig gut fühlten. Manche falschen Lehrer sahen gut aus, hatten gute Zeugnisse, waren gute Redner und schmeichelten den Menschen. Viele wurden verwirrt und vom Weg abgebracht. Es besteht immer noch die Gefahr, dass man sich vom Aussehen, der Persönlichkeit, den schauspielerischen Fähigkeiten und der Beliebtheit eines Lehrers in der Kirche, der Schule, in der Politik, der Kunst oder der Werbung verführen lässt und ihrer Botschaft glaubt, ohne sie zu prüfen. Jeder weiß, wie er sich aufgrund einer Botschaft fühlt. Nur diejenigen mit dem Verstand Christ wissen, wie sie darüber denken.

*Dienstag*

## Zeit und Ewigkeit

Eine Matrix ist eine Atmosphäre, in der Dinge geschehen. Wasser ist die Matrix von Tee, Luft ist die Matrix von Schall, Cyberspace ist die Matrix von E-Mails. Die Matrix von Ereignissen im Raum ist Zeit. Die Matrix von Ereignissen außerhalb des Raums ist Ewigkeit. Ewigkeit ist nicht unendliche Zeit. Es ist eine andere Matrix. Jeder Zeitpunkt ist sichtbar von jedem Punkt der Ewigkeit. Deshalb ist Prophetie möglich. Wir können mit der Ewigkeit in Verbindung treten durch Gebet und andere Wege. Wenn Jesus wiederkommt, werden Zeit und Ewigkeit in Gottes Königreich auf der neuen Erde verschmelzen. Möge Gott uns helfen, von Seiner Perspektive der Ewigkeit zu sehen. Amen.

*Mittwoch*

## Der Tempel des Heiligen Geistes

Gott ist der Gott der Beziehungen und nicht selbstzentriert. Er will, dass wir in Seinem Ebenbild genauso sind. Der Tempel des Heiligen Geistes und der Leib der Braut Christi beschreiben nicht uns als Individuen, sondern als Familie oder Gemeinschaft der Kinder Gottes. Wenn zwei oder mehr zusammenkommen, ist Christus und Sein Geist auf eine vollkommenere Art präsent, als wenn wir alleine sind. Wir können alleine beten und der Geist segnet uns als Einzelne, aber unser ewiges Leben ist nicht einzeln. Übe jetzt für die Ewigkeit.

*Donnerstag*

## Der Tempel des Heiligen Geistes

*(Fortsetzung von Seite 49)*

VI. Du sollst für dein Lebensprojekt jegliche Kollateralschäden in Kauf nehmen.

VII. Du sollst nie deine eigenen Gefühlen und Wünschen verleugnen.

VIII. Du sollst dir alles aneignen, ohne erwischt zu werden.

IX. Du sollst dir alles aneignen, ohne erwischt zu werden.

X. Du sollst dir alles aneignen, ohne erwischt zu werden.

*Freitag*

## Vertrauen und Panik

Christen leben in einer friedvollen Atmosphäre des Vertrauens, dank der treuen Macht Gottes, unseres Erlösers. Wir leben nicht in einem paranoiden Pesthauch der Verschwörungspanik. Jede Autorität kommt von Gott, wird aber niemals perfekt ausgeübt. Regierungen begehen Fehler. Wir sollen klug sein wie die Schlangen, und arglos wie die Tauben. Wir sollen Gott geben, was Gottes ist, und Cäsar, was Cäsar gehört. Wir sollen einander nicht verurteilen, bloß weil wir an unterschiedlichen Stellen eine Grenze ziehen. Christen sollen die Stadt segnen, auf dass es ein Segen sein wird, in der Stadt zu wohnen.

# Woche 43

*Montag*

## Zwei Arten von Menschen

Es gibt auf der Erde nur zwei Arten von Menschen – diejenigen, die um ihre Bedürftigkeit für Gott wissen (die arm im Geiste sind), und diejenigen, die das nicht wissen (die reich im Geiste sind). Die Reichen verlassen sich auf sich selbst, ihre Karriere und Errungenschaften, ihre Gesellschaften und Traditionen, um daraus Identität und Bedeutung abzuleiten. Die Armen sind in Christus von Gott abhängig. Beide Gruppen beinhalten Wohlhabende und Arme, Attraktive und Unattraktive, Bewundernswerte und Verachtete, Religiöse und weniger Religiöse, Gesunde und Kranke, Schöne und Hässliche. Wir neigen dazu, anhand der äußeren Erscheinung und unseres Geschmackes zu urteilen. Gott sieht das Herz an. Sei arm im Geiste und lebe.

*Dienstag*

## Unerhörtes Gebet

Viele Christen denken, dass ein Gebet nicht erhört wurde, wenn sie nicht bekommen, was sie wollen. "Ja" ist nicht die einzig mögliche Antwort von Gott. Vielleicht sagt er "ja", "nein", "vielleicht" oder "warte". All das sind Antworten. Jesus sagt uns, dass wenn ein Kind uns um einen Fisch bittet, wir ihm keine Schlange geben würden, oder einen Stein anstelle eines Brotes. Wir wissen nicht, was wir wirklich brauchen, und manchmal bitten wir Gott um eine Schlange oder einen Stein. Weil Er uns liebt, gibt er uns so etwas nicht. In Jesu Namen zu beten bedeutet um das zu bitten, was Gott will, nicht was wir wollen.

*Mittwoch*

# Trost

Der Trost Gottes bedeutet im Grunde genommen nicht, dass wir es warm und trocken haben werden, gut genährt und gesund, mit einem sicheren Arbeitsplatz. Es bedeutet eher, dass uns unsere Sünden vergeben sind, Gott uns annimmt, und Er uns sanft in seinen Armen hält und erhält. Wir alle haben unterschiedliche Ängste und Probleme. Es ist weise, Gott um Seinen Trost zu bitten und uns Seiner Umarmung wie der verlorene Sohn hinzugeben. Gott will uns Trost schenken. Wenn wir darum bitten, wissen wir, dass wir ihn empfangen werden, weil es das ist, was Er auch will. Bleib dran und vertraue Gott.

*Donnerstag*

## Bedingungslose Liebe

Gefühle verändern sich durch unterschiedliche innere und äußere Einflüsse. Liebe ist viel größer als Gefühle. Liebe ist die Entscheidung, zu handeln und zur Verfügung zu stehen, um den geliebten Menschen dabei zu unterstützen, so zu werden, wie Gott es von ihm möchte. Gott steht immer und vollständig zur Verfügung und handelt so, dass wir wahrhaftig in Sein Ebenbild verwandelt werden. Die Wirksamkeit von Gottes Liebe und unserer Liebe ist davon abhängig, inwieweit der geliebte Mensch sie annehmen kann. Gefühle können wahre Liebe unterstützen oder behindern. Liebe ist nicht etwas, das uns passiert. Sie ist etwas, wofür wir uns entscheiden. Strebe danach, in allen Umständen die Liebe zu wählen.

*Freitag*

**Schätze innen und außen**

Wir sammeln Schätze im Himmel, indem wir andere segnen und ihr Leben schöner und wirklicher machen. Andere zu segnen kann zu einer äußerlichen Angelegenheit werden, während wir von innen verrotten. Wenn christliche Leiter scheitern, sagen die Leute manchmal: "Ihre Arbeit war für mich ein Segen", aber der christliche Leiter war nicht gesegnet. Wir sollten nicht nur danach streben, anderen zu helfen, sondern auch sicherstellen, dass wir genährt und gestärkt werden. Sei bereit, Gottes Heilung und Führung zu empfangen. Sei bereit, dich innerlich zu verändern und äußerlich zu segnen.

# Woche 44

*Montag*

## Gottes Wort verstehen

Sprache ist schwierig. Es ist vermutlich unmöglich, mit Worten in Raum und Zeit Dinge und Ereignisse zu beschreiben, die hauptsächlich in der Ewigkeit stattfinden. Es gibt drei Himmel: in einem fliegen die Vögel, im nächsten sind die Sterne, und der dritte beschreibt das Übernatürliche. Für alle drei wird ein Wort verwendet. Der Text allein sagt nicht genug, er muss erklärt werden. Die Präzision ist begrenzt und niemals vollkommen. Wenn wir mehr Präzision bräuchten, hätte Gott sie uns gegeben. Wir können Gottes Wort nicht ausreichend verstehen, wenn wir nur unseren Verstand benutzen. Zu Gottes Wort zählt die Bibel, die Schöpfung und Jesus. Wahres Verständnis ist eine ganzheitliche Beziehung.

*Dienstag*

## Wert und Verlangen

Verlangen erhöht den wahrgenommenen Wert sofort. Wo dein Herz ist, wird auch dein Schatz sein. Du wirst dich in das investieren, was du willst. Wir können dem natürlichen Verlangen folgen, das kommt und geht, oder wir können lernen, das zu wünschen, was Gott sich für uns wünscht, und fest in Seiner Wahrheit und Liebe stehen. Wenn wir das wollen, was auch Gott will, werden all unser Verlangen und unsere Werte ihren richtigen Platz und ihre richtige Priorität finden. Für uns ist das unmöglich, aber wir können Gott bitten, uns zu helfen, das zu wollen, was Er will, und er wird es tun. Verlange nach dem, wonach es Gott verlangt.

*Mittwoch*

## Sieg während COVID

Nicht alle Dinge sind gut. In allen Dingen wirkt Gott das Gute für die, die Ihn lieben. Lasst uns Gottes Sieg in unserem Leben während COVID suchen und empfangen. Unter den Einschränkungen, lehrt dich da der Heilige Geist Beziehungen wertzuschätzen und zu entwickeln? Lehrt Er dich Geduld, Treue und Freundlichkeit? Die COVID-Pandemie wird ein Ende haben. Gottes Siege in unserem Leben werden kein Ende haben. Frohlocke! Wir können Gott darum bitten, den Virus zu töten. Gott gibt uns nicht alles, was wir wollen. Er gibt uns alles, was Er will, was viel besser ist. Liebe Gott und lass Ihn dich lieben.

*Donnerstag*

## Wollen, was Gott will

Gott hat uns versprochen, dass wenn wir Ihn um das bitten, was Er für uns will, Er es uns geben wird. Es ist klar, dass Gott will, dass wir und jeder andere in den Früchten des Geistes und den Werten der Bergpredigt wachsen und einander lieben. Es ist nicht klar, ob Gott will, dass wir geheilt werden, oder den Arbeitsplatz oder das Visum erhalten, oder die Prüfung bestehen. Was wissen wir noch aus der Bibel, das Gott für uns oder andere will? Bitte für das, was Gott will, und alles andere wird in die richtige Perspektive seines Königreichs gerückt.

*Freitag*

# Was ist mit jenen, die nie gehört haben? (Teil I)

Viele mitfühlende Christen sorgen sich um jene, die nie das Evangelium gehört, die Bibel gelesen oder einen Missionar getroffen haben. Das Grundlegendste, was jemand erkennen muss, um gerettet zu werden, ist, dass er gebrochen ist und Gottes Vergebung und Heilung braucht. Gott spricht zu jedem auf unterschiedlichste Weise: durch die Bibel, das Gewissen, Träume, die Überführung durch den Heiligen Geist. Die Frage ist, wie die Menschen darauf antworten. Im Römerbrief 1 lesen wir, dass niemand eine Entschuldigung hat. Es ist dringlich, den Menschen mehr Gelegenheit zu geben, darauf zu antworten, durch Missionarsarbeit nah und fern. Ermutige zur Armut im Geiste.

# Woche 45

*Montag*

# Ursache und Wirkung

Gott hat das Universum mit einem Gesetz von Ursache und Wirkung geschaffen, welches Er auch aufrechterhält. Wenn ein Christ und ein Nichtchrist von einem Gebäude springen, fallen beide nach unten und nicht nach oben. Wenn du dir deine eigene Moral und Identität erschaffst (vom Baum der Erkenntnis von Gut und Böse isst), wirst du sterben. In der Bibel heißt es oft „Gott tat es", wenn Menschen die Konsequenzen ihrer Entscheidungen erlebten, weil Ursache und Wirkung von Ihm stammen. Unsere Teilnahme am Weltgeschehen und unsere Verantwortung für unsere Taten werden nicht dadurch aufgehoben, dass es Gott ist, der Ursache und Wirkung aufrechterhält.

*Dienstag*

# Was ist mit jenen, die nie gehört haben? (Teil II)

Die Erkenntnis, dass wir Gott brauchen, ist essentiell für die Erlösung. Jeder, der dies erkennt und sich nach Gott ausstreckt, wird gerettet. Eine Bibel zu besitzen und das Evangelium zu hören reicht nicht aus. Gott kennt unterschiedliche Wege, die Menschen wissen zu lassen, dass sie Ihn brauchen: Die Bibel, andere Menschen, die Schöpfung, die zeigt, wie inkonsistent und untreu wir sind, Überführung durch den Heiligen Geist. Gott hat keine Kontrolle über die Reaktion der Menschen. Manche weisen Ihn zurück, obwohl Gott allen sagt, dass sie Ihn brauchen. Es ist wichtig, dass sie von Gottes Wahrheit und Liebe durch Jesus Christus von uns hören.

*Mittwoch*

## Liebe und Vertrauen

Gott liebt uns und wir können Ihm vertrauen, bei allem was Er uns tatsächlich versprochen hat, aber nicht bei dem, was wir uns ausdenken. Die Wirkung von Gottes Liebe für uns ist abhängig davon, wie wir sie annehmen. Wir müssen immer unseren Nächsten lieben. Mit Vertrauen ist es anders. Jeder ist durch seine Sünde und die der anderen gebrochen und verzerrt. Wir müssen anderen vertrauen in Hoffnung und innerhalb der Grenzen ihrer Gebrochenheit. Wir dürfen nicht zu viel erwarten. Wenn jemand Kleptomane ist, sollten wir ihn lieben und nicht darauf vertrauen, dass er diese Krankheit sofort überwinden wird. Vertrauen ohne Weisheit kann Dinge schlimmer machen.

*Donnerstag*

## Warum?

„Warum?" ist oft ein sehr schmerzerfüllter Schrei. Warum ich? Warum das? Warum jetzt? Wir wollen Ursache und Wirkung verstehen. Als die Menschen Jesus in Johannes 9 fragten, warum ein Mann blind geboren war, antwortete er sinngemäß „blickt nicht zurück für eine Ursache, sondern blickt nach vorn für einen Zweck." Wir bringen uns mehr mit Gottes Königreich und Seinen Zielen in Einklang, wenn wir fragen „Wie will Gott dies zum Wohle im Leben derer verwenden, die Ihn lieben?". „Warum?" kann ein Ausdruck der Hoffnungslosigkeit sein, weil wir wissen, dass wir es nie erfahren werden. „Wozu?" drückt Hoffnung und Vertrauen aus.

*Freitag*

## Weisheit

Es war einmal ein sehr intelligenter, gebildeter und begabter Pfarrer. Er kannte die Bibel und konnte sie sehr gut unterrichten. Die Kirche zog großen Nutzen aus seiner Arbeit und seinem Dienst. Eines Tages hieß er eine ältere Frau in seiner Kirche willkommen. Sie war nicht sehr intelligent oder gebildet oder begabt. Sie verbrachte einen Großteil ihrer Zeit mit Gebet für Menschen und ermutigte und half ihnen, wo sie konnte. Im Laufe der Gemeinschaft mit dieser Frau wurde der Pfarrer Schritt für Schritt weiser durch ihr Vorbild und ihre Ermutigung. Intelligenz ist wertvoll, hat jedoch ohne Weisheit nicht den vollen Wert. Weisheit ohne Intelligenz hat vollen Wert. Wir lernen voneinander.

# Woche 46

*Montag*

## 90% >100%

„90% ist mehr als 100%" ist in der Mathematik von Raum und Zeit keine wahre Aussage. Im Königreich Gottes stimmt sie jedoch auf wundersame Weise. Das Neue Testament gebietet nicht, den Zehnten zu geben, aber das großzügige und fröhliche Geben. Den Zehnten zu geben wird im Neuen Testament nicht geboten. Großzügig und fröhlich zu geben jedoch schon. Vom eigenen Einkommen zehn Prozent (brutto oder netto) zur Seite zu legen, um es wegzugeben, ist für uns eine Investition in die Ewigkeit. Auf mysteriöse Weise scheint es auch im Hier und Jetzt Frieden und finanzielle Sicherheit zu bringen. Viele Christen haben Angst, das auszuprobieren, weil ihr Glaube schwach ist. Betrachte es nicht als Opfer, betrachte es eher als Investition. Probiere es aus.

*Dienstag*

## Cyberspace

Der Cyberspace ist für die meisten von uns etwas Mysteriöses. Ebenso verhält es sich mit dem übernatürlichen Teil der Wirklichkeit. Das Leben ist hart und gefährlich. Der Tod ist einfach. Weder die physische Welt noch der Cyberspace oder die übernatürliche Welt bieten von sich aus Sicherheit. Sicherheit finden wir nur in Jesus, und Er ist stets bei uns. Wenn wir Zeit verbringen im Cyberspace (was immer das auch ist), müssen wir uns an Jesus erinnern, Ihm nahe bleiben und Ihn in unsere Aktivitäten einbinden. Wir befinden uns stets in Gottes Gegenwart und sollten nicht daran denken, diesbezüglich eine Pausc zu machen. Wir wollen nicht, dass Gott von uns eine Pause macht!

*Mittwoch*

## Worte und Gefühle

Es war einmal ein Kind, das hatte über viele Dinge starke und verwirrende Gefühle. Niemand konnte seine Gefühle wirklich teilen, und es konnte sie nicht verständlich beschreiben. Dann half ihm jemand, Worte treu und klar zu verwenden, um sich auszudrücken und die eigenen Gefühle zu verstehen. Als die subjektiven Gefühle mit den stabilen Worten einen objektiven Partner hatten, wurden sie weniger verstörend und kontrollierend, sondern erfreulicher und nützlicher. Eine Ehe zwischen geheimnisvollen Gefühlen und klärenden Worten bringt ein Kind des Friedens für uns hervor. Wir können unsere Worte wählen, aber nicht unsere Gefühle.

*Donnerstag*

## Ein Wort ist mehr wert als 1000 Bilder

Bilder, seien es Fotografien, Zeichnungen, Gemälde, Skulpturen oder andere Abbildungen, werden oft mit Worten versehen, als Titel oder Beschreibungen. Manchmal, aber nicht immer, werden Wörter mit Bildern verknüpft. Es scheint, dass Bilder mehr der Worte bedürfen als umgekehrt. Worte stehen für sich allein. Worte können auf unterschiedliche Weise verstanden werden, aber sie brauchen keine Bilder, um sie zu definieren oder ihre Bedeutung zu erweitern. "Am Anfang war das Wort", nicht das Bild. Der Mensch ist in Gottes Ebenbild geschaffen, auch weil wir sprechen und uns an unsere Worte halten können. Lasst uns unsere Worte schätzen und mit ihnen verantwortungsbewusst umgehen.

*Freitag*

## Das Leben ist hart

Das natürliche Leben wird uns mit der Empfängnis gegeben. Das ewige Leben wird uns gegeben, wenn wir an Jesus glauben. Das natürliche Leben endet mit dem Tod. Das natürliche Leben übt eine starke Anziehungskraft auf uns aus. Es ist einfach, natürlich zu sein – wir müssen nur mit dem Strom schwimmen und "natürlich sein". Das führt zum Tod und gleitet wie von selbst. Wahres Leben in Christus ist ein Kampf gegen den Tod und ein aktives Gehen oder Laufen oder Kämpfen. Das Leben zu wählen ist aktiv und verbindlich und braucht Gottes Hilfe. Den Tod zu wählen ist passiv. Das Leben ist hart. Der Tod ist einfach.

# Woche 47

*Montag*

## Glaube und lass dich taufen

Die Wassertaufe ist eine Feier im Gehorsam darüber, dass man an Jesus glaubt und mit dem heiligen Geist getauft wurde. Die Bibel lehrt uns zu glauben und Buße zu tun und durch Seinen Geist getauft zu werden. Die richtige Reihenfolge ist zu glauben und getauft zu werden, nicht getauft zu werden und später vielleicht zu glauben. Getauft zu sein rettet uns nicht. Es feiert und demonstriert unsere Errettung. Die Wassertaufe kann durch die Kirche kontrolliert werden. Die Taufe durch den Heiligen Geist nicht. Das Untertauchen zeigt unseren Tod und unsere Auferstehung mit Jesus. Das Besprengen zeigt die Waschung. Die Taufe sollte für jeden durchgeführt werden, der an Jesus glaubt und um die Taufe bittet.

*Dienstag*

## Gebrochen

Wir alle erleben viele Brüche in unserem Leben: gebrochene Knochen, gebrochene Versprechen, zerbrochene Hoffnungen, zerbrochene Ehen, zerbrochene Karrieren. Unsere Lebensumstände sind alle unterschiedlich und verschiedenartig gebrochen. Was uns eint, sind unsere gebrochenen Herzen oder Identitäten. Unser grundlegendstes Bedürfnis ist, dass Jesus unsere gebrochenen Herzen repariert, mit seinem eigenen Blut als Klebstoff. Wenn unsere Herzen durch Jesus geheilt sind und wir in Ihm eine neue Identität haben, kann uns nichts von den anderen zerbrochenen Dingen zerstören. Verleugne deine Gebrochenheit nicht und fliehe ihr nicht. Bringe sie zu Jesus, für Heilung. Seine Liebe zu dir ist mächtig.

*Mittwoch*

## Ansprüche, Rechte und Gnade

Ansprüche werden von Regierungen und Institutionen geschaffen und gewährt. Rechte werden von den Vereinten Nationen und anderen Organisationen erdacht und garantiert. Gnade ist das Geschenk des Lebens für diejenigen, die keinen Anspruch und kein Recht darauf haben. Gott gibt denen das Recht, Seine Kinder zu werden, die keinen Anspruch darauf haben. Viele Menschen haben Grundbedürfnisse, die nicht befriedigt werden. Sie haben keinen Anspruch darauf, dass diesen Bedürfnissen entsprochen wird. Wir sind von einem gnädigen Gott dazu aufgerufen, den Bedürftigen zu helfen, nicht weil sie es verdienen, sondern weil Gott Liebe ist.

*Donnerstag*

## Woher weißt du das?

Wir wissen Dinge auf unterschiedliche Weise. Woher weißt du, dass du Schokolade magst? Du weißt es aus Erfahrung. Woher weißt du, dass zwei plus zwei gleich vier ist? Die Logik sagt es dir. Woher weißt du, dass man bei Rot an der Ampel anhält und bei Grün fährt? Du weißt es aufgrund kultureller Prägung, einer Institution oder aus Tradition. Woher weißt du, dass Jesus dich liebt? Du weißt es durch die Offenbarung des ewig Übernatürlichen in Raum und Zeit (das sagt mir die Bibel). Wir brauchen all diese Wege zum Wissen, um so zu wissen, wie Gott will, dass wir wissen.

*Freitag*

# Freude in Leid und Kummer

Manche der Ereignisse im Buch der Offenbarung finden auf der Erde statt, und manche im Himmel (der übernatürlichen Dimension der Wirklichkeit). Die irdischen ereignen sich in der Zeit, die himmlischen in der Ewigkeit. "Ein Tag ist wie tausend Jahre, und tausend Jahre sind wie ein Tag" beschreibt die Beziehung zwischen Zeit und Ewigkeit. Können wir erwarten, dass wir die Ereignisse im Himmel mit einem Kalender messen können? Wahrscheinlich nicht. Die Ereignisse sind wahr und real, auch wenn wir sie uns nicht vollständig vorstellen oder messen können. Wir leben aus dem Glauben und nicht aus dem Sehen.

# Woche 48

*Montag*

# Geber und Nehmer

Hier sind ein paar Fragen dazu, ob du ein Geber oder Nehmer bist. Fragst du, wie eine Kirche dich segnen kann, oder wie du eine Kirche segnen kannst? Achtest du mehr auf deine Rechte oder deine Verantwortungen? Bist du Teil des Problems oder der Lösung? Denke nach und bete um Klarheit über diese Dinge. Trau dich, andere zu fragen, wie sie dich sehen. Bete und strebe danach, ein Geber und ein Teil der Lösung zu sein. Wir wissen, dass Gott dir helfen wird, denn das ist es, was Er für dich will.

*Dienstag*

## Gute Predigten

Die Pfingstpredigt von Petrus ist ein gutes Vorbild. Eine Predigt sollte Christus verkündigen und die Menschen zum Glauben an Ihn einladen. Sie sollte die Schrift erklären und das Alte und Neue Testament miteinander verbinden. Sie sollte die Bedürftigen trösten und diejenigen ermahnen, die sich unchristlich verhalten. Sie sollte Geschichten erzählen, um ihre Aussagen zu veranschaulichen. Sie sollte die Schrift auf das heutige Leben anwenden und Menschen darin unterweisen, wie Nachfolger Jesu zu leben und zu denken. Diese Art von Botschaft ist gute, reichhaltige und nährstoffreiche Nahrung. Wenn du ein Prediger bist, dann predige so, um deine Leute zu segnen.

*Mittwoch*

## Heilige Schöpfung

Heilig bedeutet vollständig (ganz) und abgesondert von allem, das nicht vollständig ist. In der griechischen Numerologie steht die 7 für die Vollständigkeit. 3 steht für den dreieinigen Schöpfer, und 4 steht für die Schöpfung mit 4 Himmelsrichtungen und 4 Jahreszeiten. 777 steht für die dreieinige Vollständigkeit oder Heilig, Heilig, Heilig. 666 steht für "fast" oder "Fälschung" oder das Böse. Gott drückt sich selbst in der Schöpfung aus, von der Er sagte, dass sie sehr gut sei, oder ganz/heilig. Die Sünde der Rebellion des Teufels und der Menschen trennte die Schöpfung von dem Schöpfer und entstellte sie. Gott liebt die Schöpfung und wird sie wieder heilig machen, damit wir mit Ihm in ihr leben können.

*Donnerstag*

## Ozean

In der mesopotamischen Mythologie kontrollierte Ozean das Chaos, erschuf, umgab und enthielt die Meere und das Land. Er wurde auch als Schlange beschrieben und gebar als solche die Drachen. Im Tempel Salomons war das Meer das größte und einzige asymmetrische Objekt. Für die Waschung war es vollkommen ungeeignet. Das Meer, oder der Ozean, wird durch den Tempel bzw. das Königreich Gottes vollkommen umfasst und kontrolliert. In der sehr detaillierten Vision vom Tempel bei Hesekiel wird das Meer nicht mehr erwähnt, und in der Offenbarung heißt es, dass das Meer nicht mehr sein wird. Gott ist größer als alle Mythen und Vorstellungen der Menschen und verschlingt sie in siegreicher Herrschaft.

*Freitag*

## Information

Information ist geheimnisvoll. Wir wissen nicht genau, was es ist, aber niemand bezweifelt ihre Existenz. Information kontrolliert Materie, vor allem genetisches Material, aber es gibt keinen Beleg dafür, dass Materie Information produziert. Materialisten haben Glauben, dass Materie Information produziert. Es ist wahrscheinlicher, dass Information übernatürlich ist, dass sie von Gott stammt, der alle Dinge durch die Macht seines Wortes zusammenhält. Am Anfang war das Wort. Am Anfang war Information. Das Wort wurde Fleisch und lebte unter uns. Wir verstehen das nicht, aber wir können dankbar sein und dieser Wahrheit vertrauen. Es ist die beste Erklärung für alles.

# Woche 49

*Montag*

# Ziviler Ungehorsam

Ziviler Ungehorsam ist im Leben eines Christen eine Möglichkeit, jedoch ist er fragwürdig und erfordert vorsichtiges Abwägen. Für die Obrigkeit zu beten ist geboten und niemals fragwürdig. Wir können in jeder Situation durch Gebet militant aktiv werden und die Obrigkeit darüber informieren, dass wir derart hinter ihr stehen. Ziviler Ungehorsam ist manchmal angebracht. Es ist immer angebracht, für Gott Stellung zu beziehen indem man Ihn bittet, für uns Stellung zu beziehen. Das Beten kann unsere Handlungen anleiten und führen. Zu handeln anstatt zu beten ist immer ein Fehler. Priorisiere Gebet und das Segnen der Stadt.

*Dienstag*

# Heilig

In der Bibel ist die grundsätzliche Bedeutung von Heilig „abgesondert" oder „vollständig". Gott ist ganz oder vollständig in sich Selbst, und abgesondert von allem, das unvollständig oder entstellt ist. Er ist heilig, heilig, heilig, weil Er drei Personen ist. Eine Sache oder ein Ort ist heilig, weil sie oder er abgesondert ist für Gott, zu Ihm gehörig und abgesondert von den umgebenden Entstellungen. Menschen sind heilig und werden es immer mehr, weil sie eins werden mit Christus und einander, abgesondert von den Entstellungen und dem Tod der Sünde. Wir werden heilig, in dem wir in den Früchten des Heiligen Geistes wachsen. Sei heilig, weil Gott heilig ist.

*Mittwoch*

## Humpty-Dumpty

Humpty-Dumpty ist ein Ei aus der Geschichte „Alice im Wunderland" und steht für uns alle. Er fiel von einer Mauer (welche Seite ist egal), zerbrach und starb. Und weder all die Rösser noch all die Männer des Königs konnten Humpty-Dumpty wieder zusammensetzen, schreibt Lewis Carroll. Aber der König (Jesus) konnte es. Jesus klebt mit Seinem eigenen Blut Humpty (uns alle) wieder zusammen und gibt neues Leben. Alle, auch Kinder, können das Evangelium in dieser Geschichte verstehen. Wir alle müssen wieder zusammengesetzt werden. Bekenne deine Not und lass dich von Jesus wieder zu einem neuen Leben zusammenfügen.

*Donnerstag*

## Unschuldige Opfer

Jeder ist an irgendetwas unschuldig. Jemand, der des Mordes schuldig ist, ist womöglich unschuldig in Bezug auf Grausamkeit gegenüber Hunden, oder Steuerhinterziehung. Wir alle sind der Rebellion gegen Gott schuldig und der Entstellung Seines Ebenbildes. Deshalb verdienen wir alle den Tod. Wenn ich es nicht verdiene, schikaniert zu werden, aber den Tod verdiene, was ist dann schlimmer? Niemand kann uns vollständig vor der Schikane durch Andere beschützen, Gott kann uns vor dem Tod beschützen, durch Jesus Christus. Wenn jemand unschuldig ist und es nicht verdient, gemobbt zu werden, aber des Todes schuldig ist, was ist dann sein wichtigstes Problem? Kümmern wir uns um das Wichtigste zuerst.

*Freitag*

## Liebe deine Feinde

Manchmal sind Menschen unsere Feinde. Manchmal nehmen wir sie nur als solche wahr. Diese Wahrnehmung erzeugt Angst, Rachegelüste und Negativität unterschiedlichster Art, die alle in vielerlei Hinsicht ungesund sind. Jesus lehrte uns, unsere Feinde zu lieben. Wir beten für Menschen aus einer Position der Stärke heraus, bitten Gott, sie zu segnen. Wenn Gott sie segnet, werden sie immer weniger Feinde für uns sein. Anstatt bedrohlicher Feinde werden sie für uns Objekte der Barmherzigkeit. Das ist für uns ein Segen und stärkt uns im Herrn zum Guten. Liebe und bitte für deine Feinde.

# Woche 50

*Montag*

## Unsere Errungenschaften, Gottes Errungenschaften

Vielen Menschen blicken zurück und fragen, was sie in ihrem Leben erreicht oder geschafft haben. Wir sollten unser Möglichstes tun. Was wir tun, ist individuell und optional. Was Gott in uns tut, ist allgemein und grundlegend. Gott wirkt in uns, um unsere Haltungen und Motivationen zu verändern und zu formen. Wir arbeiten, um etwas zu schaffen und zu wirken. Wenn wir viel erreichen, aber nicht zulassen, dass Gott in uns wirkt, werden wir die Verlierer sein. Wenn wir wenig vollbringen, aber Gott in uns wirken lassen, werden wir die Gewinner sein. Maximiere beides. Verlass dich vor allem auf Jesus und Sein Werk.

*Dienstag*

## Geduld

Geduld ist eine Frucht des Geistes. Sie ist normalerweise keine natürliche Eigenschaft des Menschen. Geduld ist ein Teil der passiven Seite des Lebens. Wir benötigen Geduld mit anderen Menschen und mit Gott. Geduld erfordert Vertrauen. Andere Menschen sind nicht vertrauenswürdig, aber wir können geduldig mit ihnen sein, weil wir Gott vertrauen. Es ist geistlich gesehen gesund, die Geduld mit Demut in Verbindung zu bringen und nicht stolz auf unsere Geduld zu sein. Geduld fühlt sich an wie der Tod, weil wir unseren gefühlten Rechten und Bedürfnissen absterben. Indem wir uns selbst absterben, leben wir in Christus. In Wirklichkeit ist Geduld Langzeitrealismus.

*Mittwoch*

## Wirkliches Leben

Uns selbst zu verwirklichen und unser bestes Leben zu leben, begründet nicht unsere Identität oder verleiht uns Sicherheit und Wirklichkeit. Dadurch stellen wir lediglich uns selbst in das Zentrum der Wirklichkeit, was uns erdrücken wird. Wirklichkeit und Sicherheit kommt nur von Jesus. Es fühlt sich gut und real an, uns gegenseitig zu bestätigen und zu akzeptieren, aber nur die Bestätigung und Akzeptanz durch Jesus sind gut und real. Wir können uns gegenseitig ermutigen und unterstützen, ohne füreinander Gott zu spielen. Wir erschaffen keine Wirklichkeit durch unsere Vorstellungskraft. Lass dich durch Jesus wirklich machen. Jesus hat für dein Leben bezahlt. Nimm es von Ihm zu Seinen Bedingungen an.

*Donnerstag*

## Amen

„Amen" ist ein hebräisches Wort und bedeutet "Ja" oder „Das stimmt". Wenn wir mit anderen beten sagen wir „Amen", wenn wir mit dem Gebet übereinstimmen, und wir sagen nicht „Amen", wenn wir damit nicht übereinstimmen oder uns nicht sicher sind. Wenn wir alleine beten, ist „Amen" so etwas wie eine Unterschrift am Ende eines Briefes. Wenn andere beten oder eine Aussage treffen, ist „Amen" zu sagen das gleiche, wie ihren Brief mit zu unterzeichnen. „Amen" zu sagen sollte nicht automatisch oder gedankenlos geschehen. Amen bedeutet nicht „Hm-hm" oder „passt schon". Es bedeutet „Ja". Wir sind vor Gott verantwortlich, sorgfältig darauf zu achten, was gesagt oder gebetet wird und entsprechend zuzustimmen oder nicht

*Freitag*

## Rudere, rudere, rudere dein Boot

Rudere, rudere, rudere dein Boot, sanft die Strömung hinab,

Heiter, heiter, heiter, heiter, das Leben ist nur ein Traum.

Viele Menschen kennen dieses Lied und singen es gerne als Kanon. Wir sollten nicht aufhören, miteinander zu singen, sollten uns aber bewusst sein, dass dieses Lied Ausdruck einer nihilistischen Weltanschauung und ein dunkler Scherz ist. Boote werden normalerweise stromaufwärts gerudert und treiben stromabwärts. Wenn das Leben nur ein Traum ist, gibt es dann überhaupt eine Wirklichkeit?

Bedenke folgende Übersetzung:

Treibe, treibe, treibe dein Schiff gelassen über die Lösung hinab,

Verzückt, verzückt, verzückt, verzückt, die Existenz ist nur eine Illusion.

# Woche 51

*Montag*

## Sexuelle Befreiung

In unserer westlichen Kultur ist es für Männer normal und akzeptabel zu sagen, dass sie eine Ehefrau wollen oder brauchen. Für Frauen hingegen gilt es als Verrat am eigenen Geschlecht, wenn sie sagen, dass sie einen Ehemann wollen oder brauchen. Einige Fragen drängen sich auf: Brauchen Männer Ehefrauen, während Frauen keine Ehemänner brauchen? Wenn das Bedürfnis gleich ist, warum werden Frauen unterdrückt, diesen Wunsch zu äußern? Zwingen Männer den Frauen diese Unterdrückung auf, oder zwingen Frauen sie sich gegenseitig auf? Sind Frauen Opfer ihrer eigenen Befreiung? Wie können wir mehr Gleichheit in diesem Bereich der sexuellen Freiheit erreichen?

*Dienstag*

## Schafe und Ziegen

Schafe sind ungeschickt, unselbständig, verlieren leicht die Orientierung und neigen dazu, sich zu verirren. Ziegen sind trittsicher, unabhängig, gut orientiert und autark. Als Schaf bezeichnet zu werden, ist kein Kompliment. Viele Menschen wären gerne eine Ziege [engl. goat] für Gott. G.O.A.T.s (the greatest of all time, [engl.] die Größten aller Zeiten) sind stolz. Um ein Schaf zu sein, braucht es die Armut im Geiste – das erste Prinzip, um in das Königreich Gottes eingehen zu können, wie die Bergpredigt lehrt. Sei ein Schaf für Gott. Sei vollkommen abhängig von Jesus, Seinem Wort in der Bibel und dem Heiligen Geist. Jesus behält und bewahrt die Schafe und schickt die Ziegen fort.

*Mittwoch*

# Schafe und Ziegen

Systemisch bedeutet systemdurchdringend. Auf nationaler Ebene würde systemischer Rassismus bedeuten, dass Rassentrennung oder Verfolgung per Gesetz gefordert wird oder erlaubt ist. Rassismus kann ein reales Problem sein, ohne systemisch zu sein. In jedem Land sind Sünde und Stolz systemisch. In manchen Ländern sind Abtreibung und Ehebruch systemisch. In manchen Ländern sind religiöse Vorurteile systemisch. Kleinere Systeme, wie Kirchen oder Vereine, können systemisch rassistisch sein durch ihre Regeln oder eine allgegenwärtige Einstellung. Von systemischem Rassismus zu sprechen kann Ausdruck einer kulturellen oder politischen Übertreibung sein, die dazu dienen soll, unser Denken unrealistisch zu prägen. Politische Slogans oder Werbesprüche verführen uns. Bleibe wachsam, sei verantwortungsbewusst und prüfe alles.

*Donnerstag*

## Testimonium

Ein Testimonium (von "testa" – Kopf) ist eine Deklaration oder ein Zeugnis dessen, was als wahr bekannt ist. Das Gesetz des Alten Testamentes ist ein Zeugnis dessen, was wahr ist über Gott und den Gehorsam Ihm gegenüber. Ein Zeugnis von Jesus ist eine Aussage darüber, was über Jesus wahr ist. Ein biblisches Zeugnis dreht sich nicht um mich selbst oder meine Erfahrungen. Es ist wichtig für Christen, dass sie einander Zeugnis ablegen über Jesus, für Klarheit, Einigkeit und Diskussion. Dadurch wird unser Wissen über Jesus gefestigt, vertieft und erweitert. Wir sollten Zeugnisse ablegen, ohne die Worte „Ich", „mich" oder „mein" zu verwenden.

*Freitag*

## Der Kreis und das Kreuz

Der Kreis ist ein Symbol für Einheit und Perfektion. Er kommt in unterschiedlichen Philosophien und Religionen vor. Er hat ein Innen und ein Außen. Wie kommen wir nach Innen? Ein Kreis ist notwendigerweise konzentrisch bzw. selbst-zentriert. Er taugt nicht als Symbol für das Christentum. Das Symbol des Christentums ist das Kreuz. Ein Kreuz hat prinzipiell eine menschliche Form. Es ist strahlend und umarmend. Es ist ein Symbol der Liebe, des Opfers, der Einladung, Annahme und des Sieges des Guten über das Böse und der Wahrheit über die Lüge. Es ist ein Geheimnis, das nur durch das Leben vollständig erkannt werden kann, nicht durch bloßes Verstehen.

# Woche 52

*Montag*

## Blasphemie

Es ist nicht gut zu fluchen oder Gottes Namen auf leichtsinnige Weise zu verwenden. Wenn es zur Gewohnheit wird, wirkt es wie eine destruktive Infektion unserer Sprache. Blasphemie bedeutet eigentlich, dass wir Gottes Namen für unsere eigene Eitelkeit verwenden. Wenn wir sagen „Gott hat mir gesagt..." bei Dingen, die wir uns vorstellen oder uns wünschen, ist das in etwa so, wie wenn man Gottes Unterschrift unter etwas setzt, was man sich selbst ausgedacht hat. Das ist dann eine Fälschung und kann manipulativ sein. Wir erschaffen Gott im Ebenbild unserer eigenen Vorstellung. Blasphemie ist eine falsche Prophezeiung, die in der Gemeinschaft Seines Volkes Verwirrung über Ihn stiftet. Vermeide Blasphemie.

*Dienstag*

# Der Fels

Gott ist unser Fels. Wir können auf Ihm stehen. Er ist fest und verlässlich, bewahrend und notwendig. Jesus ist unser Fels, der Eckstein des Gebäudes der Kirchenfamilie. Wasser entsprang dem Fels, um das Volk zu erfrischen. Wasser entsprang Jesus, als Er für uns bestraft wurde. Wir können uns dafür entscheiden, unser Leben und unsere Beziehungen auf den Fels zu bauen, oder sie werden über uns einstürzen und uns begraben. Die Steine schreien nach dem Fels, der sie gemacht hat. Durch den Glauben und das Bekenntnis, dass Jesus der Fels ist, werden Petrus und wir Christenmenschen oder „Felsenmenschen".

*Mittwoch*

# Geimpft sein oder nicht geimpft sein

Hinsichtlich der Thematik des geimpft seins oder nicht geimpft seins gibt es eine Frage, die auch in vielen anderen Situationen passt: „Bin ich ein Teil des Problems oder ein Teil der Lösung?" „Lösung" bedeutet dazu beizutragen, die Masken, die Spaltung und den Mangel an Vertrauen loszuwerden, den wir gerade erleben. Ungeimpfte Menschen haben einen Vorteil gegenüber den Geimpften: Die Ungeimpften können ihre Meinung ändern, die Geimpften nicht mehr. Möge Gott uns alle segnen und uns dazu bewegen, einander zu lieben und für einander zu beten. Amen.

*Donnerstag*

## Opfer oder Verbrecher?

Wir sind alle auf unterschiedliche Weise Opfer. Das Wetter, die Wirtschaft, Krankheiten, ein Unfall, Krieg, Verbrechen, Depression und Feinde, sie alle machen uns zu Opfern und lassen uns leiden. Wir brauchen Errettung, Erlösung und Schutz vor all diesen Dingen. Wovor wir am meisten Erlösung brauchen ist nicht das, was uns geschieht, sondern was wir tun: ob wir Gott vertrauen und gehorchen, ob wir das Leben und Identität aus Gottes Hand annehmen, oder versuchen, es aus eigener Vorstellung und eigenen Wünschen zu schaffen. Wir brauchen keine Reparatur. Wir haben uns selbst zerstört und müssen neu geschaffen werden. Kehre um und werde gerettet.

*Freitag*

## Schwäche und Mut

Mut wird üblicherweise mit Stärke in Verbindung gebracht. Der Superheld hat Mut, weil er besondere Fähigkeiten hat. Mut bedeutet nicht, unsere Stärke und Zuversicht einzusetzen, sondern dann zu handeln, wenn wir schwach sind und Angst haben. Wenn wir um Hilfe beten und Gott vertrauen, erleben wir die übernatürliche Kraft zu lieben, zu sorgen, zu dienen und Gottes Wahrheit auszusprechen. Je öfter wir dies tun, umso mehr sehen wir, wie Gottes Kraft unsere schwachen Bemühungen vervollständigt und wirksam macht, mehr als wir uns vorstellen können. Schließlich freuen wir uns, wie der Apostel Paulus, über unsere Schwächen, weil wir durch sie Gottes Kraft zum Guten und zum Leben erfahren.

www.ingramcontent.com/pod-product-compliance
Lightning Source LLC
Chambersburg PA
CBHW070128080526
44586CB00015B/1604